AF278315

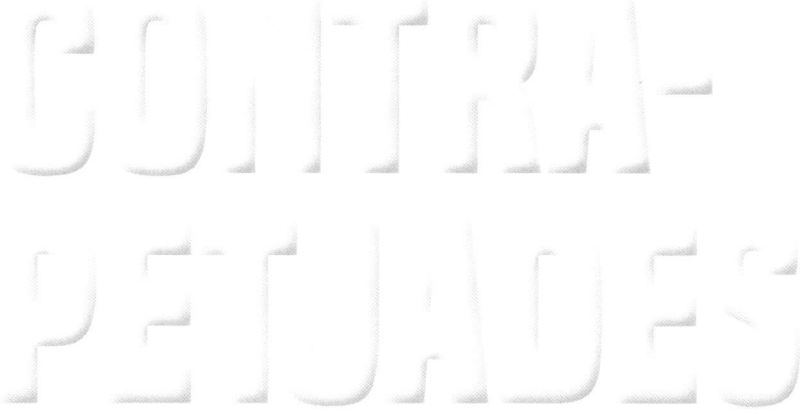

Artistes ecologistes enfront de la crisi mediambiental

CONTRA-HUELLAS

Artistas ecologistas frente a la crisis medioambiental

Graham Bell Tornado
Miriam Martínez Guirao
Bea Millón
Marco Ranieri
Chiara Sgaramella

Centre Cultural La Nau de la Universitat de València
Sala Martínez Guerricabeitia
10/2024 - 2/2025

Contextos de la Col·lecció Martínez Guerricabeitia #9

ÍNDEX / ÍNDICE

L'exposició *Contra-Petjades. Artistes ecologistes enfront de la crisi mediambiental* aspira a remarcar la importància que té la consciència ecològica en l'art contemporani, representat per cinc artistes compromesos amb la sostenibilitat i la justícia ambiental. I és una invitació a prendre consciència respecte a l'emergència mediambiental. Per mitjà de les seues obres, Graham Bell Tornado, Miriam Martínez Guirao, Bea Millón, Marco Ranieri i Chiara Sgaramella expressen la seua preocupació per l'entorn natural, alhora que proposen noves formes d'interacció amb el nostre planeta de manera que inspiren la comunitat a adoptar pràctiques més responsables i conscients.

L'exposició —fruit de la recerca de la comissària— destaca pel seu enfocament interdisciplinari, pel fet que integra coneixements científics, filosòfics i culturals per a abordar l'impacte humà en l'entorn natural. L'art ecologista, tal com es presenta ací, va més enllà de la mera representació visual de la natura: es converteix en una eina d'activisme i educació. Els participants utilitzen les seues creacions per a educar i mobilitzar el públic sobre temes crucials, com la biodiversitat, la migració climàtica, la salut mental, la sobirania alimentària i tots els actuals reptes ecosocials als quals ens enfrontem. En resum, tota la potència de l'art dirigida a afavorir una major consciència i acció en favor de l'entorn.

Aquesta exposició ens brinda també l'oportunitat d'acostar-nos a autors que no estan representats en la col·lecció Martínez Guerricabeitia, però que tenen unes aspiracions que sintonitzen amb el seu esperit fundacional, i per això s'insereix perfectament en una de les tres línies de programació de la Sala Martínez Guerricabeitia, la titulada "Contextos de la col·lecció".

Finalment, *Contra-Petjades* ens planteja un desafiament i una invitació a la reflexió enfront del materialisme i la indiferència ambiental. Per mitjà de les obres d'art, ens proposa un retorn a la natura i a una forma de vida a escala humana. Amb la seua exhibició, convoquem tothom a l'una reflexió sobre la responsabilitat col·lectiva i la interdependència global que ens conduïsca a ser part del canvi cap a un món més sostenible i equitatiu.

M. Vicenta Mestre Escrivà
Rectora de la Universitat de València

Ester Alba Pagán
Vicerectora de Cultura i Societat

PRÓLOGO

La exposición *Contra-Huellas. Artistas ecologistas frente a la crisis medioambiental* aspira a resaltar la importancia que tiene la conciencia ecológica en el arte contemporáneo, representado por cinco artistas comprometidos con la sostenibilidad y la justicia ambiental. Y es una invitación a tomar conciencia respecto a la emergencia medioambiental. A través de sus obras, Graham Bell Tornado, Miriam Martínez Guirao, Bea Millón, Marco Ranieri y Chiara Sgaramella expresan su preocupación por el entorno natural, al tiempo que proponen nuevas formas de interacción con nuestro planeta, inspirando a la comunidad a adoptar prácticas más responsables y conscientes.

La exposición –fruto de la investigación de la comisaria– destaca por su enfoque interdisciplinar, al integrar conocimientos científicos, filosóficos y culturales para abordar el impacto humano en el entorno natural. El arte ecologista, tal y como se presenta aquí, va más allá de la mera representación visual de la naturaleza: se convierte en una herramienta de activismo y educación. Los participantes emplean sus creaciones para educar y movilizar al público sobre temas cruciales como la biodiversidad, la migración climática, la salud mental, la soberanía alimentaria y todos los actuales retos ecosociales a los que nos enfrentamos. En resumen, toda la potencia del arte dirigida a propiciar una mayor conciencia y acción en favor del entorno.

Esta exposición nos brinda también la oportunidad de acercarnos a autores que no están representados en la colección Martínez Guerricabeitia, pero cuyas aspiraciones sintonizan con su espíritu fundacional, por lo que se inserta perfectamente en una de las tres líneas de programación de la Sala Martínez Guerricabeitia, la titulada "Contextos de la colección".

Por último, *Contra-Huellas* nos plantea un desafío y una invitación a la reflexión frente al materialismo y la indiferencia ambiental. A través de las obras de arte, nos propone un retorno a la naturaleza y a una forma de vida a escala humana. Con su exhibición, convocamos a todos a una reflexión sobre la responsabilidad colectiva y la interdependencia global que nos conduzca a ser parte del cambio hacia un mundo más sostenible y equitativo.

M. Vicenta Mestre Escrivà
Rectora de la Universitat de València

Ester Alba Pagán
Vicerectora de Cultura i Societat

POEMES VISUALS EN TEMPS D'EMERGÈNCIA AMBIENTAL

María Eugenia Rojo Mas / comissària

POEMAS VISUALES EN TIEMPOS DE EMERGENCIA AMBIENTAL

María Eugenia Rojo Mas / comisaria

Every piece of ecological art is a visual poem,
a love song to the Earth, and a cry of alarm at its fragility.

Patricia Watts
Comissària i fundadora d'Ecoartspace

L'exposició *Contra-Petjades. Artistes ecologistes enfront de la crisi mediambiental* emergeix en un context global caracteritzat per una crisi ecològica sense precedents. Cada any, la temperatura mitjana mundial arriba a nivells rècord, una tendència evident des dels primers registres en el segle XIX. A aquesta preocupant situació, s'hi afegeix l'alarmant pèrdua de biodiversitat, la proliferació de la contaminació en aigua, aire i sòls, així com també la creixent crisi de residus.

Els Objectius de Desenvolupament Sostenible de l'Agenda 2030 emfatitzen el paper crucial de la cultura en la resposta a aquesta emergència ambiental. En aquest context, la present exposició s'erigeix com una plataforma que facilita l'exploració de les interseccions entre l'art i l'ecologia. Té com a objectiu desenvolupar una consciència crítica i activa enfront dels desafiaments ambientals contemporanis per mitjà de l'art.

Aquesta mostra és producte de la feina de recerca duta a terme en la meua tesi doctoral *Arte y ecología en el contexto valenciano actual* (2021), amb el suport del Ministeri d'Educació, Cultura i Esport, la Universitat de València, l'UNAM i la Universitat de Màlaga. L'estudi analitza les narratives de diversos artistes que s'inscriuen en el que s'ha denominat art ecologista. Aquests creadors comparteixen l'objectiu de desenvolupar una estètica ecològica lligada a una ètica de sostenibilitat, a la col·laboració i a la igualtat, sumat a un elevat potencial pedagògic.

Every piece of ecological art is a visual poem,
a love song to the Earth, and a cry of alarm at its fragility.

Patricia WATTS
Comisaria y fundadora de Ecoartspace

La exposición *Contra-Huellas. Artistas ecologistas frente a la crisis medioambiental* emerge en un contexto global caracterizado por una crisis ecológica sin precedentes. Cada año, la temperatura media mundial alcanza niveles récord, una tendencia evidente desde los primeros registros en el siglo XIX. A esta preocupante situación se le une la alarmante pérdida de biodiversidad, la proliferación de la contaminación en agua, aire y suelos, así como la creciente crisis de residuos.

Los Objetivos de Desarrollo Sostenible de la Agenda 2030 enfatizan el papel crucial de la cultura en la respuesta a esta emergencia ambiental. En este contexto, la presente exposición se erige como una plataforma que facilita la exploración de las intersecciones entre el arte y la ecología. Tiene como meta desarrollar una conciencia crítica y activa frente a los desafíos ambientales contemporáneos por medio del arte.

Esta muestra es producto del trabajo de investigación realizado en mi tesis doctoral *Arte y ecología en el contexto valenciano actual* (2021), respaldada por el Ministerio de Educación, Cultura y Deporte, la Universitat de València, la UNAM y la Universidad de Málaga. El estudio analiza las narrativas de varios artistas que se inscriben en lo que se ha denominado arte ecologista. Estos creadores comparten el objetivo de desarrollar una estética ecológica ligada a una ética de sostenibilidad, a la colaboración y a la igualdad, sumado a un elevado potencial pedagógico.

Des de la defensa i publicació de l'esmentada tesi, s'ha reconegut la necessitat d'estendre l'estudi i correspondre a l'esforç de l'encomiable tasca d'aquests creadors. Per ampliar l'abast i plasmar les seues troballes, el mitjà d'expressió més idoni no podia ser altre que presentar al públic la seua pròpia obra. És així com sorgeix *Contra-Petjades*, amb la missió de cristal·litzar les conclusions obtingudes en la recerca i donar visibilitat i suport als qui des de l'art es comprometen amb la divulgació d'un missatge ecologista i la promoció de pràctiques sostenibles. En aquest sentit, l'exposició es planteja com un pont entre l'art i l'activisme mediambiental i ofereix una plataforma alternativa de sensibilització sobre la crisi ecològica.

Els artistes seleccionats —Graham Bell Tornado (Aberdeen, 1966), Miriam Martínez Guirao (Elx, 1981), Bea Millón (Sagunt, 1992), Marco Ranieri (Milà, 1984) i Chiara Sgaramella (Cerignola, 1982)— presenten un enfocament ecoestètic divers i abasten múltiples fronteres disciplinàries. Aquests creadors centren tota la seua producció en la transmissió d'un contingut que es fonamenta en un consum responsable, lligat exclusivament a les vertaderes necessitats de les persones i als requeriments de la protecció de l'hàbitat natural. En els seus discursos trobem la construcció d'una identitat des de l'ecologisme, l'ecofeminisme i l'ecogènere; el postcolonialisme; la recuperació d'oficis tradicionals; la cooperació postdisciplinària; el foment de l'estètica DIY (*Do it yourself*) i DIWO (*Do it with others*); l'artivisme; i la transformació del cos i el territori en espais lírics i, al seu torn, polítics.

Aquestes manifestacions tenen un tarannà híbrid i efímer; deriven de tècniques artesanals, procediments científics i tecnològics; incorporen material de rebuig i d'arxiu, així com també objectes reutilitzats i reciclats. Amb tot plegat, és possible fer aterrar aquestes pràctiques en un context museístic, de la mateixa manera que és factible mantenir la seua idiosincràsia i teixir-la al discurs curatorial que tinga en compte la seua pròpia petjada ecològica. D'aquesta manera, es reclama la inclusió d'una dimensió ètica a la crítica de l'estètica de l'art i se subratlla la importància d'una producció sostenible i responsable.

El títol de l'exposició, *Contra-Petjades*, deriva del concepte de "contrapetjada de carboni" utilitzat en ciències ambientals, que es refereix a aquelles accions destinades a compensar les emissions de diòxid de carboni prèviament alliberades a l'atmosfera. De manera anàloga, l'art ecologista no sols suposa un acte estètic, sinó que també configura i redissenya patrons de pensament d'afany reparatori. L'exposició intenta que les reflexions derivades

Desde la defensa y publicación de la mencionada tesis, se ha reconocido la necesidad de extender el estudio y corresponder el esfuerzo de la encomiable labor de estos creadores. Para ampliar el alcance y plasmar sus hallazgos, el medio de expresión más idóneo no podía ser otro que el de presentar al público su propia obra. Es así como surge *Contra-Huellas*, con la misión de cristalizar las conclusiones obtenidas en la investigación, dando visibilidad y respaldo a quienes desde el arte se comprometen con la divulgación de un mensaje ecologista y la promoción de prácticas sostenibles. En este sentido, la exposición se plantea como un puente entre el arte y el activismo medioambiental, ofreciendo una plataforma alternativa de sensibilización sobre la crisis ecológica.

Los artistas seleccionados –Graham Bell Tornado (Aberdeen, 1966), Miriam Martínez Guirao (Elche, 1981), Bea Millón (Sagunto, 1992), Marco Ranieri (Milán, 1984) y Chiara Sgaramella (Ceriñola, 1982)– presentan un enfoque ecoestético diverso y abarcan múltiples fronteras disciplinarias. Estos creadores centran toda su producción en la transmisión de un contenido que se fundamenta en un consumo responsable, ligado exclusivamente a las verdaderas necesidades de las personas y a los requerimientos de la protección del hábitat natural. En sus discursos encontramos la construcción de una identidad desde el ecologismo, el ecofeminismo y el ecogénero; el poscolonialismo; la recuperación de oficios tradicionales; la cooperación posdisciplinar; el fomento de la estética DIY (*Do it yourself*) y DIWO (*Do it with others*); el artivismo; y la transformación del cuerpo y el territorio en espacios líricos y a su vez, políticos.

Estas manifestaciones tienen un talante híbrido y efímero; derivan de técnicas artesanales, procedimientos científicos y tecnológicos; incorporan material de desecho y de archivo, así como objetos reutilizados y reciclados. Con todo, es posible aterrizar estas prácticas en un contexto museístico, del mismo modo que es factible mantener su idiosincrasia y tejerla al discurso curatorial que tenga en cuenta su propia huella ecológica. De este modo, se reclama la inclusión de una dimensión ética a la crítica de la estética del arte, subrayando la importancia de una producción sostenible y responsable.

El título de la exposición, *Contra-Huellas*, deriva del concepto de "contrahuella de carbono" utilizado en ciencias ambientales, que se refiere a aquellas acciones destinadas a compensar las emisiones de dióxido de carbono previamente liberadas a la atmósfera. De manera análoga, el arte ecologista no solo supone un acto estético, sino que también configura y

de les obres presentades actuen com a "contrapetjades" que contraresten els discursos negacionistes i promoguen una forma de vida més equilibrada i conscient.

El context resulta clau per a la mostra. El tema està en línia amb altres exhibicions que han tingut lloc anteriorment a la Sala Martínez Guerricabeitia, compromeses amb les dificultats i els desafiaments de la societat actual. *Contra-petjades* revalora la producció de cinc creadors amb un eix temàtic principal que encaixa amb la perspectiva ecològica, acompanyant les seues obres de materials i discursos coherents amb aquesta visió. Tots ells ofereixen un programa col·laboratiu i pedagògic coherent amb els objectius d'aquesta proposta expositiva: posar en relleu el paper de l'art com a agent que assenyala la crisi mediambiental i les desigualtats socials derivades d'aquesta; donar a conèixer la diversitat material i els recursos poètics de les narratives de caire ecologista; i oferir un discurs museològic coherent, clar, comprensible, accessible i sostenible.

rediseña patrones de pensamiento de afán reparatorio. La exposición busca que las reflexiones derivadas de las obras presentadas actúen como "contrahuellas" que contrarresten los discursos negacionistas y promuevan un modo de vida más equilibrada y consciente.

El contexto resulta clave para la muestra. El tema está en línea con otras exhibiciones que han tenido lugar anteriormente en la Sala Martínez Guerricabeitia, comprometidas con las dificultades y desafíos de la sociedad actual. *Contra-Huellas* pone en valor la producción de cinco creadores cuyo eje temático principal encaja con la perspectiva ecológica, acompañando sus obras de materiales y discursos coherentes con dicha visión. Todos ellos ofrecen un programa colaborativo y pedagógico que encaja con los objetivos de esta propuesta expositiva: poner de relieve el papel del arte como agente que señala la crisis medioambiental y las desigualdades sociales derivadas de esta; dar a conocer la diversidad material y los recursos poéticos de las narrativas de corte ecologista; y ofrecer un discurso museológico coherente, claro, comprensible, accesible y sostenible.

REPTES I ASSOLIMENTS D'UNA MIRADA CREATIVA ALS PROBLEMES MEDIAMBIENTALS

Carmen Gracia

RETOS Y LOGROS DE UNA MIRADA CREATIVA A LOS PROBLEMAS MEDIOAMBIENTALES

Carmen Gracia

Art és l'home afegit a la natura

Vincent van Gogh

En el moment actual, col·lectius de diferents ordres, així com també gran nombre de ciutadans semblen estressats pel temor a una situació global que es qualifica de crítica. El món es percep en seriós risc de col·lapse i aquesta percepció s'ha convertit en un dels tòpics més generalitzats.

La història, però, podria ajudar-nos a contrarestar aquest pessimisme. Una mirada al passat permet observar que totes les cultures han transitat per processos crítics de gènesi, creixement, fragmentació i desintegració. A més, una visió macrohistòrica ens mostra que tots els moments crítics que ha hagut d'assumir la humanitat han significat, de fet, salts cap endavant en la pròpia evolució i desenvolupament. Fins i tot quan aquests salts globals cap endavant hi hagen generat situacions concretes de violència i patiment en àmbits locals, individuals o subjectius. Una observació de la història també permet constatar que les cultures no es destrueixen del tot, en espera que posteriorment en sorgisca una de nova. Ben al contrari, es produeix sempre una imbricació de manera que la vella i la nova coincideixen en el temps i conviuen. De manera que quan la vella s'esfondra definitivament, no es produeix mai un buit, sinó que en aqueix moment s'evidencia l'existència de la nova.[1]

---

1. Són idees desenvolupades per Arnold Toynbee en *A Study of History.* Nova York: Weather-vanew Books, 1972.

Arte es el hombre agregado a la naturaleza.

Vincent van Gogh

En el momento actual, colectivos de diferentes órdenes, así como gran número de ciudadanos parecen estresados por el temor a una situación global que se califica de crítica. El mundo se percibe en serio riesgo de colapso y esta percepción se ha convertido en uno de los tópicos más generalizados.

La historia, no obstante, podría ayudarnos a contrarrestar este pesimismo. Una mirada al pasado permite observar que todas las culturas han transitado por procesos críticos de génesis, crecimiento, fragmentación y desintegración. Además, una visión macrohistórica nos muestra que todos los momentos críticos que ha tenido que asumir la humanidad han significado, de hecho, saltos hacia adelante en su propia evolución y desarrollo. Incluso cuando estos saltos globales hacia adelante hayan generado situaciones concretas de violencia y sufrimiento en ámbitos locales, individuales o subjetivos. Una observación de la historia también permite constatar que las culturas no se destruyen del todo, a la espera de que posteriormente surja una nueva. Por el contrario, se produce siempre una imbricación de manera que la vieja y la nueva coinciden en el tiempo y conviven. De modo que cuando la vieja se derrumba definitivamente, nunca se produce un vacío, sino que en ese momento se evidencia la existencia de la nueva.[1]

---

1. Son ideas desarrolladas por Arnold Toynbee en: *A Study of History*. Nueva York: Weathervanew Books, 1972.

Després d'aquesta mirada cap al passat de la humanitat podem ja tornar l'atenció cap al nostre present.[2] És quan ens trobem que, en efecte, estem immersos en un profund desordre global que afecta els diferents nivells de la nostra vida individual i social. Aquest desordre actua també sobre les estructures ideològiques, econòmiques, culturals i morals encara vigents.

Sovint es parla de la crisi energètica i de la sobreexplotació de la Terra com a causes primàries d'aquesta vicissitud. Constituirien el germen que haurien provocat els problemes mediambientals i el canvi climàtic. Una situació que es percep com a agreujada perquè les classes dirigents no semblen saber la manera d'afrontar els nous reptes.[3] Tampoc no semblen saber-ho especialistes de diferents àmbits. Els economistes són incapaços de fer una anàlisi comprensible de la injusta situació econòmica i aportar solucions. Els metges tenen a la seua disposició gran nombre de recursos científics i les expectatives de vida han augmentat de manera notable, però l'impacte del càncer, les malalties autoimmunes i la constant amenaça de pandèmies recurrents demostren les limitacions de la salut pública. Els psiquiatres i els psicòlegs no poden controlar l'augment creixent d'inestabilitat emocional en la societat. Àmbits de coneixement com les universitats no són tampoc capaços d'aportar solucions vàlides als nous reptes; potser perquè mantenen una classificació disciplinària heretada de segles anteriors i caracteritzada per la separació de sabers.

Si tots aquests problemes que afecten el món actual són intrínsecs al mateix sistema vigent, es podria deduir que estan vinculats i són interdependents. En conseqüència, caldria abordar-los de manera conjunta i interdisciplinària. La dificultat consisteix en el fet que hem sigut educats per a pensar i afrontar els conflictes de manera fragmentària. Desenvolupar la capacitat d'enfrontar els problemes de forma coligada requeriria no sols nous hàbits reflexius sinó també una diferent estructura organitzativa d'institucions polítiques i educatives. I això només és possible amb un canvi previ d'idees que promoguen la substitució d'un sistema de pensament estàtic per un altre de dinàmic.

---

2. Moltes de les reflexions que es plantegen en aquest article van ser desenvolupades en: Carmen Gracia. *Arte con la Naturaleza. Acciones artístico-científicas para el siglo XXI.* València: Tirant Humanidades, 2019.

3. Aquestes qüestions, les ha tractades T. J. Donem en *Against the Anthropocene: Visual Culture and Environment Today.* Berlín: Sternberg Press, 2017.

Después de esta mirada hacia al pasado de la humanidad podemos ya volver la atención hacia nuestro presente.[2] Es cuando nos encontramos que, en efecto, estamos inmersos en un profundo desorden global que afecta a los diferentes niveles de nuestra vida individual y social. Este desorden actúa también sobre las estructuras ideológicas, económicas, culturales y morales, todavía vigentes.

Con frecuencia se habla de la crisis energética y de la sobreexplotación de la Tierra como causas primarias de esta vicisitud. Constituirían el germen que habrían provocado los problemas medioambientales y el cambio climático. Una situación que se percibe como agravada porque las clases dirigentes no parecen saber la manera de afrontar los nuevos retos.[3] Tampoco parecen saberlo especialistas de diferentes ámbitos. Los economistas son incapaces de hacer un análisis comprensible de la injusta situación económica y aportar soluciones. Los médicos tienen a su disposición gran número de recursos científicos y las expectativas de vida han aumentado de manera notable, pero el impacto del cáncer, las enfermedades autoinmunes y la constante amenaza de pandemias recurrentes demuestran las limitaciones de la salud pública. Psiquiatras y psicólogos no pueden controlar el aumento creciente de inestabilidad emocional en la sociedad. Ámbitos de conocimiento como las universidades tampoco son capaces de aportar soluciones válidas a los nuevos retos; quizás porque mantienen una clasificación disciplinar heredada de siglos anteriores y caracterizada por la separación de saberes.

Si todos estos problemas que afectan al mundo actual son intrínsecos al mismo sistema vigente, se podría deducir que están vinculados y son interdependientes. En consecuencia, habría que abordarlos de manera conjunta e interdisciplinar. La dificultad consiste en que hemos sido educados para pensar y afrontar los conflictos de manera fragmentaria. Desarrollar la capacidad de enfrentar los problemas de forma coligada requeriría no solo nuevos hábitos reflexivos sino también una diferente estructura organizativa de instituciones políticas y educativas. Y eso solo es posible con un cambio previo de ideas que promuevan la sustitución de un sistema de pensamiento estático por otro dinámico.

---

2. Muchas de las reflexiones que se plantean en este artículo fueron desarrolladas en: Carmen Gracia. *Arte con la Naturaleza. Acciones artístico-científicas para el siglo XXI*. Valencia: Tirant Humanidades, 2019.
3. Estas cuestiones han sido tratadas por T. J. Demos en: *Against the Anthropocene: Visual Culture and Environment Today*. Berlín: Sternberg Press, 2017.

Arribats a aquest punt, podríem reflexionar sobre aquell supòsit que la crisi energètica i la sobreexplotació de la Terra siguen, en veritat, les causes primàries de la situació que travessa el món actual. O, per contra, necessitem fer anàlisis de més profunditat que permeteren trobar un origen molt més profund.

És en aquest punt d'una recerca que va més enllà on molts artistes, entre els quals, Graham Bell, Miriam Martínez Guirao, Bea Millón, Marco Ranieri i Chiara Sgaramella, han iniciat la seua tasca.

A través de determinades pràctiques trencadores, aquests artistes, com molts altres creadors individuals i col·lectius, han començat a mostrar que el més radical de tots els canvis que estem vivint és el lent i inevitable afebliment del que la historiadora Riane Eisler ha anomenat sistema dominador.[4] Un sistema del qual han depès un bona part del nostre comportament i fracassos, incloent-hi la contaminació mediambiental i la sobreexplotació de la Terra. Amb el terme de *sistema dominador*, Eisler es refereix a una estructura d'organització social, vigent des de la revolució agrària que al llarg dels segles s'ha manifestat amb major o menor intensitat a través del patriarcat, l'imperialisme, el capitalisme, el racisme i l'explotació de la natura. Aquest sistema ha condicionat ideologies, creences religioses, pràctiques culturals i organitzacions polítiques, educatives i familiars. A més, s'ha caracteritzat per un predomini del pensament racional i el menyspreu a la saviesa intuïtiva. En paral·lel, aquest sistema ha identificat el pensament racional com a propi de l'home i la intuïció com a intrínseca a la dona.

A aquests factors, se n'hi afegeix un altre fet: que, des dels seus orígens mítics i històrics, la humanitat ha establert una relació entre dona i natura. Es considerava que, igual que la dona, la natura donava vida, protegia i nodria; encara que també podia ser una femella salvatge i incontrolable. L'establiment del sistema dominador va afectar també aquesta manera de percebre la relació entre dona i natura. L'experiència d'una natura salvatge va estimular la convicció que calia controlar-la per a evitar la seua perillositat. Les manifestacions benèvoles de la natura es van interpretar com a passivitat, susceptible d'explotació. En paral·lel, es veia la dona com un ésser que havia de ser controlat i sotmès per l'home. De fet, podem observar que, a través de la història, el procés d'explotació de la natura ha sigut un fenomen paral·lel a

4. Riane Eisler. *El cáliz y la espada: La mujer como fuerza en la historia.* México D. F.: Pax, 2005.

Llegados a este punto, podríamos reflexionar sobre aquel supuesto de que la crisis energética y la sobreexplotación de la Tierra sean, en verdad, las causas primarias de la situación que atraviesa el mundo actual. O, por el contrario, necesitamos realizar análisis de mayor calado que permitieran encontrar un origen mucho más profundo.

Es en este punto de una investigación que va más allá, donde muchos artistas, entre ellos, Graham Bell, Miriam Martínez Guirao, Bea Millón, Marco Ranieri y Chiara Sgaramella, han iniciado su tarea.

A través de determinadas prácticas rompedoras, estos artistas, como muchos otros creadores individuales y colectivos, han empezado a mostrar que el más radical de todos los cambios que estamos viviendo es el lento e inevitable debilitamiento de lo que la historiadora Riane Eisler ha llamado sistema dominador.[4] Un sistema del que han dependido muchos de nuestro comportamiento y fracasos, incluidos la contaminación medioambiental y la sobreexplotación de la tierra. Con el término de sistema dominador, Eisler alude a una estructura de organización social vigente desde la revolución agraria que a lo largo de los siglos se ha manifestado con mayor o menor intensidad a través del patriarcado, el imperialismo, el capitalismo, el racismo y la explotación de la naturaleza. Este sistema ha condicionado ideologías, creencias religiosas, prácticas culturales y organizaciones políticas, educativas y familiares. Además, se ha caracterizado por un predominio del pensamiento racional y el desprecio a la sabiduría intuitiva. En paralelo, este sistema ha identificado el pensamiento racional como propio del hombre y la intuición como intrínseca a la mujer.

A estos factores se añade otro hecho: que, desde sus orígenes míticos e históricos, la humanidad ha establecido una relación entre mujer y naturaleza. Se consideraba que, igual que la mujer, la naturaleza daba vida, protegía y nutría; aunque también podía ser una hembra salvaje e incontrolable. El establecimiento del sistema dominador afectó también a este modo de percibir la relación entre mujer y naturaleza. La experiencia de una naturaleza salvaje estimuló la convicción de que había que controlarla para evitar su peligrosidad. Las manifestaciones benévolas de la naturaleza se interpretaron como pasividad, susceptible de explotación. En paralelo se veía a la mujer como un ser que debía de ser controlado y sometido por el hombre. De hecho, podemos observar que, a través de la historia, el proceso de explotación de la

---

4. Riane Eisler. *El cáliz y la espada: La mujer como fuerza en la historia*. México D.F.: Pax, 2005.

l'explotació de la dona, i tots dos s'han mantingut amb variacions i adaptacions fins a l'actualitat.[5]

Ja en 1949 Simone de Beauvoir[6] va ajudar a veure aquestes evidències en assenyalar que l'home cerca en la dona l'altre, com fa amb la natura. Ella va observar també els sentiments ambivalents que la natura inspira en l'home. Ell l'explota, però ella l'esclafa, d'ella naix i en ella mor... Alternativament aliada i enemiga, apareix com el caos tenebrós del qual brolla la vida, com la vida mateixa i com el més enllà cap al qual tendeix. Per a l'home, la dona resumeix la natura com a Mare, Esposa i Ideal.

Aquestes reflexions van ser crucials en el pensament de la sociòloga Françoise d'Eaubonne, que va desenvolupar el concepte d'ecofeminisme com una crítica a la modernitat des d'uns postulats feministes i ecologistes. Convé recordar que Eaubonne no considerava la revolució ecològica com un fenomen purament sociòlogic, sinó que valorava la implicació de l'art com a catalitzador del canvi necessari.

Una mostra de la inexorable decadència del sistema dominador, en el moment actual, és allò que s'ha definit com a canvi de paradigma, és a dir, la profunda transformació en mentalitat, valors, prioritats i creences. En aquest context el sistema institucionalitzat de les arts ha anat quedant desfasat. Els ciutadans fan mostra d'indiferència respecte a unes formes artístiques, d'arrel acadèmica, amb les quals no se senten identificats. Conscientment o inconscientment, es percep la inadequació d'aquesta mena d'art en el món actual.

Com intuïa Eaubonne i com, de fet, ha ocorregut a través de la història, aqueix àmbit de la creativitat que des del segle XVIII anomenem art és un dels primers on s'ha manifestat el canvi actual. La crisi de l'art convencional és conseqüència de la fractura política i social que està produint-se. Hi ha influït l'afebliment de la sobirania dels estats nacionals, els grans sostenidors del sistema de les belles arts. Però, a més, s'ha vist afectada per la major complexitat en les formes de ciutadania, per l'aparició de xarxes transnacionals d'activisme, per la rapidesa dels nous sistemes de comunicació i pel desenvolupament de la consciència ecològica. Sens dubte, l'art convencional es manté vigent, estimulat pels poders públics i el mercat. Però, encavalcant-s'hi, han aparegut accions creatives que abandonen molts dels gestos, les formes i les pràctiques heretades de la cultura artística del segle XVIII.

---

5. Carolyn Merchant. *The Death of Nature*. Nova York: Harper & Row, 1980.
6. Simone de Beauvoir. *El segundo sexo*. Madrid: Cátedra, 1998.

naturaleza ha sido un fenómeno paralelo a la explotación de la mujer, y ambos se han mantenido con variaciones y adaptaciones hasta la actualidad.[5]

Ya en 1949 Simone de Beauvoir[6] ayudó a ver estas evidencias al señalar que el hombre busca en la mujer al otro como hace con la naturaleza. Ella observó también los sentimientos ambivalentes que la naturaleza inspira en el hombre. Él la explota, pero ella lo aplasta, de ella nace y en ella muere… Alternativamente aliada y enemiga, aparece como el caos tenebroso del que brota la vida, como la vida misma y como el más allá hacia el que tiende. Para el hombre, la mujer resume la naturaleza como Madre, Esposa e Ideal.

Estas reflexiones fueron cruciales en el pensamiento de la socióloga Françoise d'Eaubonne, que desarrolló el concepto de ecofeminismo como una crítica a la modernidad desde unos postulados feministas y ecologistas. Conviene recordar que Eaubonne no consideraba la revolución ecológica como un fenómeno puramente sociológico, sino que valoraba la implicación del arte como catalizador del cambio necesario.

Una muestra de la inexorable decadencia del sistema dominador, en el momento actual, es lo que se ha definido como cambio de paradigma, es decir, la profunda transformación en mentalidad, valores, prioridades y creencias. En este contexto el sistema institucionalizado de las artes ha ido quedando desfasado. Los ciudadanos dan muestra de indiferencia hacia unas formas artísticas, de raíz académica, con las que no se sienten identificados. Consciente o inconscientemente se percibe la inadecuación de este tipo de arte en el mundo actual.

Como intuía Eaubonne y como, de hecho, ha ocurrido a través de la historia, ese ámbito de la creatividad que desde el siglo XVIII llamamos arte es uno de los primeros donde se ha manifestado el cambio actual. La crisis del arte convencional es consecuencia de la fractura política y social que se está produciendo. En ella ha influido el debilitamiento de la soberanía de los estados nacionales, los grandes sostenedores del sistema de las bellas artes. Pero, además, se ha visto afectada por la mayor complejidad en las formas de ciudadanía, por la aparición de redes transnacionales de activismo, por la rapidez de los nuevos sistemas de comunicación y por el desarrollo de la conciencia ecológica. Sin duda el arte convencional se mantiene vigente, estimulado por los poderes públicos y el mercado.

---

5. Carolyn Merchant. *The Death of Nature*. Nueva York: Harper & Row, 1980.

6. Simone de Beauvoir. *El segundo sexo*. Madrid: Cátedra, 1998.

Ja en el darrer terç del segle XX van sorgir moviments socials i artístics que intuïen la crisi. Es donaven de manera aïllada i no sempre van ser compresos o acceptats per la societat. Però, des d'una perspectiva actual, s'observa que ja estaven apuntant cap a una nova concepció de la realitat. S'estava passant d'una visió mecanicista a una visió holística. Però només ara aquells moviments aïllats estan adquirint la cohesió necessària per a oferir una alternativa capaç de produir transformacions reals del sistema dominant.

És sabut que, en determinats moments de la història sorgeixen creadors capaços d'obtenir resultats adequats en assemblar les diferents branques especialitzades de coneixement. D'aquesta manera proporcionen una visió de metes llunyanes. Per mitjà d'aquestes metes aconsegueixen expressar els desitjos dels seus contemporanis, marcar les distàncies ja cobertes o fins i tot albirar camins de futur.

La pregunta que podríem fer-nos ara és: per què aquests reptes, en el moment actual, es plasmen a través de pràctiques artístiques relacionades amb la natura?

El psicòleg James Hillman ens ofereix una resposta que sembla convincent. Segons Hillman,[7] quan es trenca la visió predominant que sosté un període o una cultura, la consciència torna a contenidors més antics, cercant fonts per a sobreviure que també oferisquen fonts per a reviure. Per la seua banda, Jung va considerar el material artístic com a expressió d'imatges arquetípiques que ens permetia alliberar aqueixes forces benefactores que, des de temps immemorials, han permès a la humanitat situar-se en l'entorn i suportar la nit més llarga. A partir d'aquests supòsits, una mirada retrospectiva a la història ens fa veure que aquests contenidors més antics als quals s'aboca l'ésser humà quan el món se li fa difícil de viure tenen a veure amb un retorn creatiu a la natura i a les fonts primigènies. Les pràctiques creatives en contacte amb el món natural es converteixen en medi idoni a través del qual l'ésser humà pot reconnectar-se amb els seus orígens.[8]

En aquest context teòric, els nous artistes, anomenats ecologistes, desafien l'actual sistema de valors sobre el que és i no és art. Ells s'enfronten a teories i supòsits caducs en el món actual. Els seus treballs travessen la línia del que

7. James Hillman. *The Soul´s Code: On Character and Calling*. Nova York: Warner Book, 1997.
8. Carmen Gracia. "El reencantamiento de la Naturaleza: una aproximación al eco-arte", *Revista CBN* de *Estética y Arte Contemporáneo*, núm. 0, 2008, pàg. 48-57.

Pero solapándose con él han aparecido acciones creativas que abandonan muchos de los gestos, las formas y las prácticas heredadas de la cultura artística del siglo XVIII.

Ya en el último tercio del siglo XX, surgieron movimientos sociales y artísticos que intuían la crisis. Se daban de manera aislada y no siempre fueron comprendidos o aceptados por la sociedad. Pero, desde una perspectiva actual, se observa que ya estaban apuntando a una nueva concepción de la realidad. Se estaba pasando de una visión mecanicista a una visión holística. Pero sólo ahora, aquellos movimientos aislados están adquiriendo la cohesión necesaria para ofrecer una alternativa capaz de producir transformaciones reales del sistema dominante.

Es sabido que en determinados momentos de la historia surgen creadores capaces de obtener resultados adecuados al ensamblar las diferentes ramas especializadas de conocimiento. De este modo proporcionan una visión de metas lejanas. A través de estas metas logran expresar los deseos de sus contemporáneos, marcar las distancias ya cubiertas o incluso vislumbrar caminos de futuro.

La pregunta que podríamos plantearnos ahora es ¿por qué estos retos, en el momento actual, se plasman a través de prácticas artísticas relacionadas con la naturaleza?

El psicólogo James Hillman nos ofrece una respuesta que parece convincente. Según Hillman,[7] cuando se rompe la visión predominante que sostiene un periodo o una cultura, la conciencia regresa a contenedores más antiguos, buscando fuentes para sobrevivir que también ofrezcan fuentes para revivir. Por su parte, Jung consideró el material artístico como expresión de imágenes arquetípicas que nos permitía liberar esas fuerzas benefactoras que, desde tiempos inmemoriales, han permitido a la humanidad situarse en el entorno y soportar la noche más larga. A partir de estos supuestos, una mirada retrospectiva a la historia nos hace ver cómo esos cóntenedores más antiguos a los que se aboca el ser humano cuando el mundo se le hace difícil de vivir, tiene que ver con un regreso creativo a la naturaleza y a las fuentes primigenias. Las prácticas creativas en contacto con el mundo natural se convierten en medio idóneo a través del cual el ser humano puede reconectarse con sus orígenes.[8]

---

7. James Hillman. *The Soul's Code: On Character and Calling*. Nueva York: Warner Book, 1997.
8. Carmen Gracia. "El reencantamiento de la Naturaleza: una aproximación al eco-arte", *Revista CBN de Estética y Arte Contemporáneo*, n° 0, 2008, pp. 48-57.

productivament i institucionalment es defineix com a art, i s'impliquen en la interacció de comunitats humanes i no humanes.

Aquests desafiaments provoquen algunes preguntes: què té en comú l'art i els problemes de contaminació química? Quina connexió existeix entre els estudis sobre la petjada de carboni i les pràctiques artístiques? Quina relació pot haver-hi entre els conceptes d'espècies en perill d'extinció, recursos renovables o boscos danyats i el que convencionalment s'espera que produïsca un artista? Per què les accions de determinats creadors són art i no pas un projecte de recuperació, estèticament agradable?

Respondre de manera convincent aquestes preguntes és un repte. De fet, experts i públic han de ser capaços de diferenciar els vertaders treballs artístics, de la recerca científica, les obres d'enginyeria, el disseny de paisatge o l'ecoactivisme. Fins i tot considerant que totes aquestes disciplines sovint esdevenen aliats de l'artista i formen part del procés de la seua feina.

Cada vegada més museus, galeries i espais culturals públics estàn patrocinant exposicions d'aquest tipus. És a dir que, determinats sectors, com la Universitat de València, ja han entès que, si bé la intenció d'alguns d'aquests treballs pot ser la impermanencia o la invisibilitat, els seus efectes poden afectar de manera positiva a una comunitat durant llarg temps.

Contra-Petjades. Artistes ecologistes enfront de la crisi mediambiental ens permet verificar moltes de les afirmacions oferides en paràgrafs anteriors. I per a facilitar la compressió d'aquestes assercions, la comissària ha establit una ordenació d'artistes que dialoguen entre si.

Gràcies a aquesta presentació i seguint les clares indicacions d'Eugenia Rojo, podem observar que les obres de Miriam Martínez Guirao i Chiara Sgaramella exhibeixen dues maneres diferents d'afrontar la nostra relació amb la naturalesa. Aquests treballs donen visibilitat al nostre malestar subjectiu davant determinades agressions mediambientals i, d'altra banda, les implicacions ecosocials de les nostres diferents relacions amb el mitjà. Els treballs de Marco Ranieri i de Granham Bell afronten la tendència autodestructiva del món actual des de dos prismes diferents. Un centrat en un gir de la mirada cap a uns coneixements de botànica tradicional, l'altre abordant la relació corporal amb l'entorn de manera transgressora i provocadora. Finalment, Bea Millón presenten solucions al conflicte des del punt de vista de pràctiques col·laboratives.

Una vegada observats tots aquests treballs torna amb insistència la pregunta: per què hem de considerar això com a obres artístiques? De manera

En este contexto teórico, los nuevos artistas, llamados ecologistas, desafían el actual sistema de valores sobre lo que es y no es arte. Ellos se enfrentan a teorías y supuestos caducos en el mundo actual. Sus trabajos cruzan la línea de lo que productiva e institucionalmente se define como arte, y se implican en la interacción de comunidades humanas y no humanas.

Estos desafíos provocan algunas preguntas: ¿Qué tienen en común el arte y los problemas de contaminación química? ¿Qué conexión existe entre los estudios sobre la huella de carbono y las prácticas artísticas? ¿Qué relación puede haber entre los conceptos de especies en peligro de extinción, recursos renovables o bosques dañados y lo que convencionalmente se espera que produzca un artista? ¿Por qué las acciones de determinados creadores son arte y no un proyecto de recuperación, estéticamente agradable?

Contestar de manera convincente a estas preguntas es un reto. De hecho, expertos y público han de ser capaces de diferenciar los verdaderos trabajos artísticos, de la investigación científica, las obras de ingeniería, el diseño de paisaje o el ecoactivismo. Incluso considerando que todas estas disciplinas, con frecuencia, se convierten en aliados del artista y forman parte del proceso de su trabajo.

Cada vez más museos, galerías y espacios culturales públicos están patrocinado exposiciones de este tipo. Es decir que determinados sectores, como la Universitat de València, ya han entendido que, si bien la intención de algunos de estos trabajos puede ser la impermanencia o la invisibilidad, sus efectos pueden afectar de manera positiva a una comunidad durante largo tiempo.

Contra-Huellas. Artistas ecologistas frente a la crisis medioambiental nos permite verificar muchas de las afirmaciones ofrecidas en párrafos anteriores. Y para facilitar la compresión de estas aserciones, la comisaria ha establecido una ordenación de artistas que dialogan entre sí.

Gracias a esta presentación y siguiendo las claras indicaciones de Eugenia Rojo, podemos observar que las obras de Miriam Martínez Guirao y Chiara Sgaramella exhiben dos maneras diferentes de afrontar nuestra relación con la naturaleza. Estos trabajos dan visibilidad a nuestro malestar subjetivo ante determinadas agresiones medioambientales y, por otro lado, las implicaciones ecosociales de nuestras diferentes relaciones con el medio. Los trabajos de Marco Ranieri y de Graham Bell afrontan la tendencia autodestructiva del mundo actual desde dos prismas diferentes. Uno centrado en un giro de la mirada hacia unos conocimientos de botánica tradicional, el otro abordando la relación corporal con el entorno de manera transgresora y provocadora. Por último, Bea Millón presenta soluciones al conflicto desde el punto de vista de prácticas colaborativas.

genèrica podríem respondre que l'art, o l'artisticitat, no està només en l'objecte concret, sinó en el seu disseny, en el seu qüestionament, en els seus suggeriments i propostes. Si tinguérem oportunitat de dialogar amb aquests artistes, sens dubte, ens confirmarien que, en efecte, ells han pensat, viscut i creat cadascuna de les seues obres des d'una actitud d'artista. I com afirmaven Helen i Newton Harrison: al llarg del procés creatiu han començat per cercar per descobrir el valor, valorar el descobriment, descobrir qualitats de valor, demostrar aqueixos valors, ser autocrític, tornar a explicar amb més claredat encara els valors, ser autocrítics de nou i a partir de tot aquest procés afavorir el naixement de noves metàfores que es converteixen en la seua vertadera aportació artística.[9]

Per la seua banda, la comissària de l'exposició podria argumentar, com en el seu moment van fer Amy Lipton i Sue Spaid,[10] que, en triar les obres susceptibles de ser presentades, ho hauria fet aplicant elements de selecció amb el mateix estàndard de crítica i adequació que qualsevol comissari aplica per triar treballs artístics convencionals.

De tot això, en podem deduir que els artistes que anomenem ecologistes, és a dir, aquells que treballen amb i a favor de la natura formen part de l'esfera artística actual, en siguem conscients o no.

Per què, malgrat aquests raonaments, continua resultant tan difícil considerar els treballs amb la natura com a accions artístiques? Amb quins obstacles mentals topem?

Sabem que en el segle XX els físics es van adonar que la seua terminologia, la seua metodologia i els seus conceptes basats en la física clàssica no eren adequats per a entendre els fenòmens atòmics i subatòmics. En conseqüència, es van veure obligats a desenvolupar noves definicions disciplinàries aplicables als fenòmens que estudiaven.

També els artistes que treballaven en col·laboració amb els ecosistemes van necessitar fonamentar els seus treballs en una nova concepció de la creativitat. Ho van fer en observar que la natura, en modelar la matèria, evidència una

9. Aquestes afirmacions, les fan fer els artistes Helen i Newton Harrison a Greenmuseum.org, consultat el 3-9-2017.
10. Així és com defineixen aquestes historiadores la seua tasca com a comissàries. Vegeu Amy Lipton i Sue Spaid. *Ecovention: current art to transform ecologies*. Cincinnati: The Contemporary Arts Center; EcoArtSpace, 2002.

Una vez observados todos estos trabajos vuelve con insistencia la pregunta: ¿por qué tenemos que considerar esto como obras artísticas? De manera genérica podríamos responder que el arte, o la artisticidad, no está sólo en el objeto concreto, sino en su diseño, en su cuestionamiento, en sus sugerencias y propuestas. Si tuviéramos oportunidad de dialogar con estos artistas, sin duda, nos confirmarían que, en efecto, ellos han pensado, vivido y creado cada una de sus obras desde una actitud de artista. Y como afirmaban Helen y Newton Harrison: a lo largo del proceso creativo han comenzado por buscar para descubrir el valor, valorar el descubrimiento, descubrir cualidades de valor, demostrar esos valores, ser autocrítico, volver a explicar con más claridad todavía los valores, ser autocríticos de nuevo y a partir de todo este proceso propiciar el nacimiento de nuevas metáforas que se convierten en su verdadera aportación artística.[9]

Por su parte, la comisaria de la exposición podría argumentar, como en su momento hicieron Amy Lipton y Sue Spaid,[10] que, al seleccionar las obras susceptibles de ser presentadas, lo habría hecho aplicando elementos de selección con el mismo estándar de crítica y adecuación que cualquier comisario realiza para seleccionar trabajos artísticos convencionales.

De todo esto podemos deducir que los artistas que llamamos ecologistas, es decir aquellos que trabajan con y a favor de la naturaleza forman parte de la esfera artística actual, seamos conscientes de ello o no.

¿Por qué, a pesar de estos razonamientos, sigue resultando tan difícil considerar los trabajos con la naturaleza como acciones artísticas? ¿Con qué obstáculos mentales nos encontramos?

Sabemos que en el siglo XX los físicos se dieron cuenta de que su terminología, su metodología y sus conceptos basados en la física clásica no eran adecuados para entender los fenómenos atómicos y subatómicos. En consecuencia, se vieron obligados a desarrollar nuevas definiciones disciplinares aplicables a los fenómenos que estudiaban.

También los artistas que trabajaban en colaboración con los ecosistemas necesitaron fundamentar sus trabajos en una nueva concepción de la creatividad. Lo hicieron al observar que la naturaleza, al moldear la materia, evidencia una forma de inteligencia creadora y produce verdaderas obras

9. Estas afirmaciones fueron realizadas por los artistas Helen y Newton Harrison en *Greenmuseum.org*, consultado el 3-9-2017.
10. Así es como definen estas historiadoras su trabajo como comisarias. Ver Amy Lipton y Sue Spaid. *Ecovention: Current Art to Transform Ecologies*. Cincinnati: The Contemporary Arts Center; EcoArtSpace, 2002.

forma d'intel·ligència creadora i produeix autèntiques obres d'art.[11] Sens dubte, aquestes obres són diferents de les realitzades pels humans, ja que, si la creativitat humana es manifesta a través de la transformació, la creativitat de la natura es basa en l'evolució.

Com ha ocorregut prèviament amb científics i artistes, el nostre major obstacle consisteix a estar aplicant paràmetres equivocats. Necessitem acceptar que les nostres estructures conceptuals sobre el que és o no és art han quedat obsoletes. Igual que els artistes van necessitar una nova definició de creativitat com a marc conceptual del seu propi treball, per a entendre on rau l'artístic en aquestes accions, ens cal redefinir què podem entendre per art en el segle XXI.

De manera sorprenent, trobem una definició expressada en el segle XIX que pot ser totalment vàlida en el moment actual. En 1879 Vincent van Gogh escrivia al seu germà: "L'art és l'home afegit a la natura", i suggeria que els artistes havien de manejar-se amb conceptes com natura, realitat, veritat, donant-los significat, concepció, caràcter. Era la seua tasca fer-los ressaltar, donar-los expressió, redimir-los d'interpretacions errònies, desenredar-los, alliberar-los, il·luminar-los...[12] Sens dubte, aquestes afirmacions podria haver-les fet qualsevol dels artistes que treballen actualment a favor de la natura. De fet, la nova definició de creativitat ha induït a una forma diferent de concebre el significat de l'art. Si la natura, en modelar la matèria, evidència la seua capacitat creadora i produeix vertaderes obres d'art, la funció dels artistes treballant amb la natura consisteix, sobretot, a secundar el procés i col·laborar-hi.

Per finalitzar, podríem concloure que el procés creatiu d'aquestes obres és conseqüència de la percepció del problema que es pretén afrontar, la voluntat interna de trobar la solució adequada, el mecanisme intel·lectual de resposta i la seua materialització en una obra visual. I no convé oblidar que es tracta de pràctiques alhora radicalment humils pels mitjans emprats i totalment grandioses per la generositat en l'actitud dels seus creadors.

11. María Cándida Moraes. "Creatrividad en la naturaleza. La creatividad como evolución", en Verónica Violant i Saturnino de la Torre (coord.). *Comprender y evaluar la creatividad.* Málaga: Aljibe, 2006, pàg. 95-114.

12. Vincent van Gogh. *The Complete Letters of Vincent van Gogh.* Nova York: Bulfinch Press, 2000.

de arte.[11] Sin duda, estas obras son diferentes a las realizadas por los humanos, ya que, si la creatividad humana se manifiesta a través de la transformación, la creatividad de la naturaleza se basa en la evolución.

Como ha ocurrido previamente con científicos y artistas, nuestro mayor obstáculo consiste en estar aplicando parámetros equivocados. Necesitamos aceptar que nuestras estructuras conceptuales sobre lo que es o no es arte han quedado obsoletas. Igual que los artistas necesitaron una nueva definición de creatividad como marco conceptual de su propio trabajo, para entender dónde está lo artístico en estas acciones, nosotros necesitamos redefinir qué podemos entender por arte en el siglo XXI.

De manera sorprendente encontramos una definición expresada en el siglo XIX que puede ser totalmente válida en el momento actual. En 1879 Vincent van Gogh escribía a su hermano: "El arte es el hombre agregado a la naturaleza", y sugería que los artistas tenían que manejarse con conceptos como naturaleza, realidad, verdad, dándoles significado, concepción, carácter. Era su tarea resaltarlos, darles expresión, redimirlos de interpretaciones erróneas, desenredarlos, liberarlos, iluminarlos…[12] Sin duda, estas afirmaciones podría haberlas hecho cualquiera de los artistas que trabajan actualmente a favor de la naturaleza. De hecho, la nueva definición de creatividad ha inducido a una forma diferente de concebir el significado del arte. Si la naturaleza, al moldear la materia, evidencia su capacidad creadora y produce verdaderas obras de arte, la función de los artistas trabajando con la naturaleza consiste, sobre todo, en apoyar y colaborar en el proceso.

Para finalizar, podríamos concluir que el proceso creativo de estas obras es consecuencia de la percepción del problema que se pretende afrontar, la voluntad interna de encontrar la solución adecuada, el mecanismo intelectual de respuesta y su materialización en una obra visual. Y no conviene olvidar que se trata de prácticas, al tiempo radicalmente humildes por los medios empleados y totalmente grandiosas por la generosidad en la actitud de sus creadores.

---

11. María Cándida Moraes. "Creatividad en la naturaleza. La creatividad como evolución", en Verónica Violant y Saturnino de la Torre (coord.). *Comprender y evaluar la creatividad*. Málaga: Aljibe, 2006, pp. 95-114.
12. Vincent van Gogh. *The Complete Letters of Vincent van Gogh*. Nueva York: Bulfinch Press, 2000.

CARMEN GRACIA BENEYTO és una destacada historiadora de l'art i acadèmica valenciana. Va obtenir el doctorat *cum laude* en la Universitat de València en 1973 i va continuar la seua formació en prestigioses institucions internacionals, incloent-hi la Universitat d'Oxford i l'Institut d'Història de l'Art a Florència, el Museu d'Orsay a París i la Hispanic Society of America a Nova York. La seua especialització abasta l'art i la crítica del segle XIX i XX, l'art valencià i, posteriorment, s'ha dedicat a investigar sobre el fenomen de l'art natura.

Entre 1990 i 1993 va ser directora del Museu de Belles Arts de València i també va dirigir l'Institut d'Art de la Institució Valenciana d'Estudis i Investigació de la Generalitat Valenciana fins a 1995. A més, va ocupar la càtedra d'Història de l'Art en la Universitat de València de 1990 a 2013. Ha col·laborat amb la Col·lecció Carmen Thyssen-Bornemisza elaborant més de setanta catàlegs d'exposicions. Ha comissariat exposicions tant d'àmbit nacional com internacional en institucions com el Museu d'Art Modern d'Hokkaido i l'Institut d'Arts de Detroit. Des de 2002, és membre numerari de la secció Hstòrico-Arqueològica de l'Institut d'Estudis Catalans.

Ha fet importants aportacions en temes relacionats amb l'art i la natura, en què destaca el seu interès en la integració de l'ecologia en l'art. Els seus estudis reflecteixen un compromís amb la sostenibilitat i la representació artística dels temes ambientals. Entre les seues obres més destacades es troben "Apreciació estètica del paisatge agrari: vers la construcció d'una teoria" (*Estudis d´Història Agrària*, 17, UB, 2004); "El reencantamiento de la naturaleza: una aproximación al Eco-Arte" (revista *CBN*, 2008) "Una actitud reverencial: arte-naturaleza en la Comunidad Valenciana desde la transición hasta la actualidad" *(Los últimos 30 años del arte valenciano contemporáneo*, 2012) "Horta, Environmental Art i la relació home-natura" (*La Universitat de València i els seus entorns naturals*, 2014); i *Arte con la naturaleza: acciones artístico-científicas para el siglo XXI* (2019), "Una nova percepció de la natura: ciència i pintura a la segona meitat del segle XIX" (UV, 2019).

CARMEN GRACIA BENEYTO es una destacada historiadora del arte y académica valenciana. Obtuvo su doctorado *cum laude* en la Universidad de Valencia en 1973 y continuó su formación en prestigiosas instituciones internacionales, incluyendo la Universidad de Oxford y el Instituto de Historia del Arte en Florencia, el Museo d'Orsay en París y la Hispanic Society of America en Nueva York. Su especialización abarca el arte y la crítica del siglo XIX y XX, el arte valenciano y, posteriormente, se ha dedicado a investigar sobre el fenómeno del arte naturaleza.

Entre 1990 y 1993, fue directora del Museo de Bellas Artes de Valencia y también dirigió el Instituto de Arte de la Institución Valenciana de Estudios e Investigación de la Generalitat Valenciana hasta 1995. Además, ocupó la cátedra de Historia del Arte en la Universitat de València de 1990 a 2013. Ha colaborado con la Colección Carmen Thyssen-Bornemisza elaborando más de setenta catálogos de exposiciones. Ha comisariado exposiciones tanto a nivel nacional como internacional, en instituciones como el Museo de Arte Moderno de Hokkaido y el Instituto de Artes de Detroit. Desde 2002, es miembro numerario de la Sección Histórico-Arqueológica del Institut d'Estudis Catalans.

Ha realizado importantes aportaciones en temas relacionados con el arte y la naturaleza, destacando su interés en la integración de la ecología en el arte. Sus estudios reflejan un compromiso con la sostenibilidad y la representación artística de los temas ambientales. Entre sus obras más destacadas se encuentran: "Apreciació estètica del paisatge agrari: vers la construcció de una teoría" (*Estudis d'Història Agrària*, 17, UB, 2004); "El reencantamiento de la naturaleza: una aproximación al Eco-Arte" (revista *CBN*, 2008) "Una actitud reverencial: arte-naturaleza en la Comunidad Valenciana desde la transición hasta la actualidad" *(Los últimos 30 años del arte valenciano contemporáneo*, 2012) "Horta, Environmental Art i la relació home-natura" (*La Universitat de València i els seus entorns naturals*, 2014); y *Arte con la naturaleza: acciones artístico-científicas para el siglo XXI* (2019), "Una nova percepció de la natura: ciència i pintura a la segona meitat del segle XIX" (UV, 2019).

ART, CRÍTICA I CONSCIÈNCIA ECOLÒGICA

María Eugenia Rojo Mas

ARTE, CRÍTICA Y CONCIENCIA ECOLÓGICA

María Eugenia Rojo Mas

Des de fa dècades, la magnitud de la crisi ambiental s'ha convertit en una autèntica emergència ecològica a escala global. Davant aquest panorama, no queda una altra solució que establir estratègies per a desenvolupar i implementar un nou paradigma que estiga d'acord amb la vertadera capacitat de càrrega de la Terra. En aqueixa transformació de l'*statu quo* actual, fer compatible la vida humana, a mitjà i llarg termini, implica abandonar el sistema de coneixement predominant i adoptar noves maneres de pensar i actuar. En aquesta tasca, l'art constitueix una eina clau, capaç de generar instruments per al desenvolupament d'un imaginari col·lectiu que promoga formes de coexistència justes, igualitàries, sostenibles i saludables, tant per als éssers humans com per a les altres espècies que habiten el planeta.

Al llarg de la història, l'art no ha restat indiferent davant el col·lapse ecològic. Des dels anys seixanta, moltes manifestacions visuals han abordat els primers signes de devastació natural del planeta, han proposant solucions viables i han exposat els reptes mediambientals des del camp de la creació artística. Els artistes han anat acostant-se cada vegada més a la ciència, a les pràctiques col·laboratives i a la ruptura dels criteris tradicionals de l'art, no sols en relació amb la praxi, sinó també amb la difusió i la recepció de les seues obres.

En l'actualitat, un sector de l'art ha interioritzat les creences i les actituds necessàries per a continuar l'activitat creativa, sense perdre de vista els límits energètics i de recursos disponibles en la biosfera. Tot i això, persisteix en l'esfera de la cultura, així com també en la societat en general, una bretxa significativa entre la magnitud dels problemes de sostenibilitat i el nivell de consciència que en té la majoria de les persones.

Desde hace décadas, la magnitud de la crisis ambiental se ha convertido en una auténtica emergencia ecológica a nivel global. Ante este panorama, no queda otra solución que establecer estrategias para desarrollar e implementar un nuevo paradigma que esté en consonancia con la verdadera capacidad de carga de la Tierra. En esa transformación del *statu quo* actual, hacer compatible la vida humana, a medio y largo plazo, implica abandonar el sistema de conocimiento predominante y adoptar nuevas formas de pensar y actuar. En esta tarea, el arte constituye una herramienta clave, capaz de generar instrumentos para el desarrollo de un imaginario colectivo que promueva formas de coexistencia justas, igualitarias, sostenibles y saludables, tanto para los seres humanos como para las demás especies que habitan el planeta.

A lo largo de la historia, el arte no ha permanecido indiferente ante el colapso ecológico. Desde los años sesenta, numerosas manifestaciones visuales han abordado los primeros signos de devastación natural del planeta, proponiendo soluciones viables y exponiendo los retos medioambientales desde el campo de la creación artística. Los artistas han ido acercándose cada vez más a la ciencia, a las prácticas colaborativas y a la ruptura de los criterios tradicionales del arte, no solo en relación con la praxis, sino también con la difusión y la recepción de sus obras.

En la actualidad, un sector del arte ha interiorizado las creencias y actitudes necesarias para continuar con la actividad creativa, sin perder de vista los límites energéticos y de recursos disponibles en la biosfera. No obstante, persiste en la esfera de la cultura, así como en la sociedad en general, una brecha significativa entre la magnitud de los problemas de sostenibilidad y el nivel de conciencia que la mayoría de las personas tiene sobre estos.

L'especialista en psicologia ambiental, Christie Manning,[1] identifica diverses raons clau darrere de la falta de consciència ecològica en les persones. Destaca la influència de factors psicològics com la negació, la minimització i la desconnexió emocional, que poden obstaculitzar l'adopció de comportaments sostenibles. Precisament, assenyala la importància de la percepció de control i eficàcia personal; la influència de les normes socials; i la major o menor disponibilitat d'opcions ambientalment responsables en l'entorn més pròxim. En la seua obra destaca la necessitat de forjar estratègies efectives de comunicació i educació que aborden aquests factors per a promoure un canvi de comportament cap a pràctiques ecocompatibles. Podria ser l'art un mitjà que facilite l'adquisició de consciència ecològica?

El sorgiment de l'art ecologista se situa en la darrera dècada del segle XX, influït per l'emergència de nous models de desenvolupament sostenible i el creixent reconeixement en l'àmbit institucional del problema mediambiental a escala mundial. Aquest moviment es nodreix de noves perspectives, davant la necessitat d'abordar l'impacte humà en l'entorn natural. El seus antecedents es troben en el *land art* i els *earthworks*, moviments en què s'empren objectes extrets del paisatge abrupte o es dialoga directament amb aquest. A mesura que les qüestions mediambientals cobren major rellevància en l'agenda global, sorgeix l'art ecologista com a evolució lògica en què no sols aspira a representar la natura, sinó també a advocar per preservar-la i recuperar-la

El desenvolupament d'aquestes narratives reflecteix una transformació en l'epistemologia de l'art, que passa d'una estètica centrada en l'obra mateixa a una de més compromesa amb les dinàmiques ecosocials. Els autors exploren temes com la sostenibilitat, la biodiversitat i el canvi climàtic i utilitzen el seu treball per a educar i mobilitzar al públic. En aquest marc, les creacions no sols exerceixen com a mitjans d'expressió visual, sinó també com a eines d'activisme. Així, l'art ecologista s'ha consolidat com una activitat interdisciplinària que integra coneixements científics, filosòfics i culturals, i es destaca com un component vital en el discurs ambiental contemporani.

Respecte a aquesta mena de pràctiques, T. J. Demos assenyala que, amb les serioses contrarietats i amenaces a l'entorn natural, l'art passa a

---

1. Christie Manning. *The Psychology of Sustainable Behavior: Tips to empower sustainability.* Informe de recerca per a la Minnesota Pollution Control Agency disponible en: <http://www.pca.state.mn.us/oea/ee/psychology.cfm> (28-04-2024).

La especialista en psicología ambiental, Christie Manning,[1] identifica varias razones clave detrás de la falta de conciencia ecológica en las personas. Destaca la influencia de factores psicológicos como la negación, la minimización y la desconexión emocional, que pueden obstaculizar la adopción de comportamientos sostenibles. Precisamente, señala la importancia de la percepción de control y eficacia personal; la influencia de las normas sociales; y la mayor o menor disponibilidad de opciones ambientalmente responsables en el entorno más cercano. En su obra destaca la necesidad de forjar estrategias efectivas de comunicación y educación que aborden estos factores para promover un cambio de comportamiento hacia prácticas ecocompatibles. ¿Podría ser el arte un medio que facilite la adquisición de conciencia ecológica?

El surgimiento del arte ecologista se sitúa en la última década del siglo XX, influenciado por la emergencia de nuevos modelos de desarrollo sostenible y el creciente reconocimiento en el ámbito institucional del problema medioambiental a nivel mundial. Este movimiento se nutre de nuevas perspectivas, ante la necesidad de abordar el impacto humano en el entorno natural. Sus antecedentes se encuentran en el *land art* y los *earthworks*, movimientos en los que se emplean objetos extraídos del paisaje abrupto o se dialoga directamente con este. A medida que las cuestiones medioambientales cobran mayor relevancia en la agenda global, surge el arte ecologista como evolución lógica en la que no solo aspira a representar la naturaleza, sino también abogar por su preservación y recuperación.

El desarrollo de estas narrativas refleja una transformación en la epistemología del arte, que pasa de una estética centrada en la obra misma a una más comprometida con las dinámicas ecosociales. Los autores exploran temas como la sostenibilidad, la biodiversidad y el cambio climático, utilizando su trabajo para educar y movilizar al público. En este marco, las creaciones no solo ejercen como medios de expresión visual, sino también como herramientas del activismo. Así, el arte ecologista se ha consolidado como una actividad interdisciplinaria que integra conocimientos científicos, filosóficos y culturales, destacándose como un componente vital en el discurso ambiental contemporáneo.

---

1. Christie Manning. *The Psychology of Sustainable Behavior: Tips to empower sustainability*. Informe de Investigación para la Minnesota Pollution Control Agency disponible en: <http://www.pca.state.mn.us/oea/ee/psychology.cfm> (28-IV-2024).

suportar una part de la responsabilitat d'agitar les consciències. Tot i això, l'assumpció d'aquest fet no impedeix que siga necessària una posició crítica quant als objectius, èxits i fracassos d'aquests projectes. Insisteix Demos que entre les obligacions es troba la de detectar i assenyalar el *greenwashing* que afecta igualment el món de l'art i les seues institucions.[2] Sorgeix, per tant, un interrogant sobre la contribució d'historiadors i crítics de l'art a les problemàtiques reals de la societat, que transcendeix els aspectes purament estètics o especulatius.

Pel que fa a la tasca del comissariat, l'organització d'una exposició que integre el discurs mediambientalista requereix una conscienciació profunda sobre l'impacte d'una acció semblant. Per conseqüent, es decideix incorporar en la mostra un estudi de la petjada de carboni.

La falta d'ètica en la crítica de l'art, especialment en relació amb l'ecologia, persisteix. Sovint s'ignora l'impacte significatiu i les intencions ecològiques que subjauen en la producció i l'exposició d'obres. Això distorsiona el missatge, en minimitza la rellevància i limita la capacitat de l'espectador per a comprendre i actuar sobre les qüestions plantejades. D'altra banda, la crítica sol estar influïda per interessos comercials o institucionals i prioritza peces que afavoreixen una narrativa més complaent o que beneficien uns certs actors del mercat, en compte de promoure un diàleg autèntic amb l'espectador sobre la crisi ecològica.

En 2018 **MIRIAM MARTÍNEZ GUIRAO** (Elx, 1981) llança el seu projecte experimental ***Deixem petjada en l'art***. Aquest s'enfoca en el mesurament de la petjada de carboni en aquest camp, que permeten als artistes quantificar el seu impacte ambiental. L'objectiu consisteix a implementar paràmetres específics per a calcular les emissions generades durant el curs creatiu, incloent-hi producció i exhibició. La creadora ha desenvolupat una eina en format Excel, amb plans de digitalitzar-la.[3] Hi considera diversos factors, com el consum d'electricitat en tallers, l'ús d'equips específics, enviament de correus, telefonades, trasllat i muntatge d'obres, viatges, i fins i tot la mateixa producció, disseny i impressió

2. T. J. Demos. "The Politics of Sustainability: Art and Ecology". En: Francesco Manacorda (comp.). *Radical Nature, Art and Architecture for a Changing Planet 1969-2009*. (Exposició celebrada al Barbican Centre de Londres, del 19-06-20 09 al 18-10-2009). Londres: Koenig Books, 2009, p. 17-18.

3. En aquest moment l'artista cerca finançament per a poder desenvolupar una aplicació de senzill ús. Per a més detalls sobre el projecte, *vid.*: <http://www.miriamguirao. com/2019/09/dejamos-huella-en-el-arte.html> (11-03-2024).

Respecto a este tipo de prácticas, T.J. Demos señala que, con las serias contrariedades y amenazas al entorno natural, el arte pasa a soportar parte de la responsabilidad de agitar las conciencias. No obstante, la asunción de este hecho no impide que sea necesaria una postura crítica en cuanto a los objetivos, éxitos y fracasos de estos proyectos. Insiste Demos en que entre las obligaciones se halla la de detectar y señalar el *greenwashing* que afecta igualmente al mundo del arte y sus instituciones.[2] Surge, por tanto, un interrogante sobre la contribución de historiadores y críticos del arte a las problemáticas reales de la sociedad, trascendiendo los aspectos puramente estéticos o especulativos.

En lo que se refiere a la labor del comisariado, la organización de una exposición que integre el discurso medioambientalista requiere una concienciación profunda sobre el impacto de una acción semejante. Por consiguiente, se decide incorporar en la muestra un estudio de la huella de carbono.

La falta de ética en la crítica del arte, especialmente en relación con la ecología, persiste. Frecuentemente, se ignora el impacto significativo y las intenciones ecológicas que subyacen en la producción y exposición de obras. Esto distorsiona el mensaje, minimizando su relevancia y limitando la capacidad del espectador para comprender y actuar sobre las cuestiones planteadas. Por otra parte, la crítica suele estar influida por intereses comerciales o institucionales, priorizando piezas que favorecen una narrativa más complaciente o que benefician a ciertos actores del mercado, en lugar de promover un diálogo auténtico con el espectador acerca de la crisis ecológica.

En 2018 **MIRIAM MARTÍNEZ GUIRAO** (Elche, 1981) lanza su proyecto experimental ***Dejemos huella en el arte***. Este se enfoca en la medición de la huella de carbono en este campo, permitiendo a los artistas cuantificar su impacto ambiental. El objetivo consiste en implementar parámetros específicos para calcular las emisiones generadas durante el curso creativo, incluyendo producción y exhibición. La creadora ha desarrollado una herramienta en formato Excel, con planes de digitalizarla.[3] En ella considera diver-

---

2. T. J. Demos. "The Politics of Sustainability: Art and Ecology". En: Francesco Manacorda (comp.). *Radical Nature, Art and Architecture for a Changing Planet 1969-2009*. (Exposición celebrada en el Barbican Centre de Londres, del 19-VI-20 09 al 18-X-2009). Londres: Koenig Books, 2009, pp. 17-18.

3. En este momento la artista busca financiación para poder desarrollar una aplicación de sencillo uso. Para más detalles acerca del proyecto, *vid.*: <http://www.miriamguirao.com/2019/09/dejamos-huella-en-el-arte.html> (11-III-2024).

del catàleg. Així mateix, permet avaluar i modificar els seus mètodes per a reduir-ne la petjada de carboni integrant la sostenibilitat en la praxi artística.

El concepte de petjada de carboni s'estén més enllà de les activitats diàries, afectant també el sector de l'art. Per totes aquestes raons, des de l'inici de la mostra *Contra-Petjades*, ens hem compromès a continuar progressant cap al zero net de carboni. El primer pas té a veure amb la recopilació de dades, que es comparteixen amb el visitant de la sala, que generalment desconeix l'impacte de l'art en el medi ambient. Encara que inicialment puga semblar menys nociu, l'art produeix significatives emissions de carboni a causa del transport i l'organització d'esdeveniments. S'estima que la petjada de carboni del sector artístic arriba fins als 70 milions de tones anuals de CO_2.[4] El transport aeri és particularment perjudicial, mentre que el marítim podria reduir l'impacte ambiental en un 95%. A més, l'ús de tecnologies virtuals per a compres i subhastes podria disminuir les emissions. Exemples com el Louvre, que ha reduït significativament el seu consum energètic, il·lustren els esforços sostenibles en l'àrea museística.

Explorant la ciència i el cos

A la fi del segle XX, es desenvolupa un discurs ecologista que gradualment s'incorpora a l'àmbit artístic i a les seues institucions. Aquest fenomen es tradueix en la interpretació i la trajectòria personal de cada artista a l'hora d'explorar els recursos situats en la intersecció entre medi ambient i cultura. Així mateix, la seua consolidació, amb els seus codis estètics a escala global, comporta l'allunyament natural de les estratègies tradicionals de l'art i dona pas a una sèrie d'iniciatives creatives innovadores.

Un d'aquests fenòmens té a veure amb l'ampliació del concepte d'art i el retorn al concepte *techné* de l'antiguitat. La convergència entre habilitats tècniques i coneixements científics desemboca en noves formes d'expressió. En ajuntar creativitat i rigor metodològic, la col·laboració entre art i ciència no sols enriqueix totes dues esferes, sinó que també fomenta una visió més integrada i

---

4. Aquest càlcul inclou els edificis, el trasllat d'obres i els viatges de negocis. Per accedir a l'ampli informe, recolzat per l'AKO Foundation, *vid.*: C. Bottrill; A. Tickell. *The Art of Zero An indicative carbon footprint of global visual arts and the transition to net zero* (2021). Disponible en: https://juliesbicycle.com/wp-content/uploads/2022/01/artofzerov2.pdf (12-03-2024).

sos factores, como el consumo de electricidad en talleres, el uso de equipos específicos, envío de correos, llamadas, traslado y montaje de obras, viajes, y hasta la propia producción, diseño e impresión del catálogo. Asimismo, permite evaluar y modificar sus métodos para reducir su huella de carbono, integrando la sostenibilidad en la praxis artística.

El concepto de huella de carbono se extiende más allá de las actividades diarias, afectando también al sector del arte. Por todas estas razones, desde el inicio de la muestra "Contra-Huellas", nos hemos comprometido a seguir progresando hacia el cero neto de carbono. El primer paso tiene que ver con la recopilación de datos, que se comparten con el visitante de la sala, quien generalmente desconoce el impacto del arte en el medioambiente. Aunque inicialmente pueda parecer menos nocivo, el arte produce significativas emisiones de carbono debido al transporte y a la organización de eventos. Se estima que la huella de carbono del sector artístico llega hasta los 70 millones de toneladas anuales de CO_2.[4] El transporte aéreo es particularmente perjudicial, mientras que el marítimo podría reducir el impacto ambiental en un 95%. Además, el uso de tecnologías virtuales para compras y subastas podría disminuir las emisiones. Ejemplos como el Louvre, que ha reducido significativamente su consumo energético, ilustran los esfuerzos sostenibles en el área museística.

Explorando la ciencia y el cuerpo

A finales del siglo XX, se desarrolla un discurso ecologista que gradualmente se incorpora al ámbito artístico y a sus instituciones. Este fenómeno se traduce en la interpretación y trayectoria personal de cada artista a la hora de explorar los recursos situados en la intersección entre medioambiente y cultura. Asimismo, su consolidación, con sus códigos estéticos a nivel global, conlleva el alejamiento natural de las estrategias tradicionales del arte, dando paso a una serie de iniciativas creativas innovadoras.

Uno de estos fenómenos tiene que ver con la ampliación del concepto de arte y el retorno al concepto de la Antigüedad *techné*. La convergencia entre habilidades técnicas y conocimientos científicos desemboca en nuevas formas de expresión. Al unir creatividad y rigor metodológico, la colabora-

---

4. Este cálculo incluye los edificios, el traslado de piezas y los viajes de negocios. Para acceder al amplio informe, respaldado por la AKO Foundation, *vid.*: C. Bottrill; A. Tickell. *The Art of Zero: An indicative carbon footprint of global visual arts and the transition to net zero* (2021). Disponible en: <https://juliesbicycle. com/wp-content/uploads/2022/01/ARTOFZEROv2.pdf> (12-III-2024).

holística de la realitat mediambiental i promou una major comprensió del lloc de l'ésser humà en la natura i del problema ecològic.

María Novo interpreta la convergència ciència-art com una manifestació del nou paradigma ambiental en resposta a la crisi actual. Aquesta unió ofereix la possibilitat de reavaluar altres parells prèviament considerats oposats en el pensament tradicional, com la relació entre ésser humà i natura, masculí i femení, imaginació i raó.[5]

El nexe entre ciència i art ecologista és profund i multifacètic, ja que tots dos camps comparteixen una curiositat intrínseca per comprendre i representar el món. L'art proporciona una plataforma per a interpretar i comunicar conceptes científics complexos de manera accessible, mentre que la ciència ofereix nous mètodes, materials i temes.

Aquesta sinergia es manifesta en les obres de Miriam Martínez Guirao. El seu treball s'alinea amb el que típicament exposa l'estètica mediambiental,[6] la interdisciplinarietat, que en el seu cas es fa patent per mitjà de l'assimilació de ciències com la psicologia, l'antropologia i la ciència ecològica, amb un particular l'èmfasi en l'experiència com a valor estètic.

En el marc de la seua residència i producció en BilbaoArte de 2015, crea ***Cons-ciència psicoterràtica***. En aquesta instal·lació recorre a la psicologia ambiental per a abordar la psicoterràtica, un trastorn mental que genera ansietat, fatiga i estrès provocats per la pèrdua de la connexió emocional amb l'entorn natural.[7] Aquesta nostàlgia per una natura absent, juntament amb la disminució del vincle emocional amb ella, es representa mitjançant una camisa de força, que simbolitza una mena de bogeria experimentada per un cos que es troba privat de la natura i, al seu torn, és responsable de la salut del planeta.

---

5. María Novo Villaverde. "La complementariedad ciencia-arte para la construcción de un discurso ambiental integrado". *Polis*, 2004, núm. 7. (12-03-2024).

6. L'estètica mediambiental postula la natura en si i el medi ambient com a elements susceptibles d'apreciació estètica. La vastitud de la natura, el seu caràcter caòtic i alhora metòdic, així com també la implicació de l'observador dins d'aquesta, exigeixen una reorientació de les categories estètiques tradicionals, incloent-hi el rebuig de la connexió de la bellesa natural amb el pintoresc. *Vid.*: Eran Guter. *Aesthetics A-Z*. Edimburg: Edinburgh University Press, 2010, p. 64-65. En el cas de Martínez Guirao, a més, el suport del coneixement científic resulta clau per a poder apreciar la natura i les seues qualitats.

7. Glenn Albrecht. "Psychoterratic conditions in a scientific and technological world". En: P. H. Kahn, P. H. Hasbach (eds.). *Ecopsychology: Science, Totems, and the Technological Species*. Cambridge: MIT Press, 2012, p. 241-264.

ción entre arte y ciencia no solo enriquece ambas esferas, sino que también fomenta una visión más integrada y holística de la realidad medioambiental, promoviendo una mayor comprensión del lugar del ser humano en la naturaleza y del problema ecológico.

María Novo interpreta la convergencia ciencia-arte como una manifestación del nuevo paradigma ambiental en respuesta a la crisis actual. Esta unión ofrece la posibilidad de reevaluar otros pares previamente considerados opuestos en el pensamiento tradicional, como la relación entre ser humano y naturaleza, masculino y femenino, imaginación y razón.[5]

El nexo entre ciencia y arte ecologista es profundo y multifacético, ya que ambos campos comparten una curiosidad intrínseca por comprender y representar el mundo. El arte proporciona una plataforma para interpretar y comunicar conceptos científicos complejos de manera accesible, mientras que la ciencia ofrece nuevos métodos, materiales y temas.

Esta sinergia se manifiesta en las obras de Miriam Martínez Guirao. Su trabajo se alinea con lo que típicamente expone la estética medioambiental,[6] la interdisciplinariedad, que en su caso se hace patente por medio de la asimilación de ciencias como la psicología, la antropología y la ciencia ecológica, con un particular el énfasis en la experiencia como valor estético.

En el marco de su residencia y producción en BilbaoArte de 2015, realiza ***Con-ciencia psicoterrática***. En esta instalación recurre a la psicología ambiental para abordar la psicoterrática, un trastorno mental que genera ansiedad, fatiga y estrés provocados por la pérdida de la conexión emocional con el entorno natural.[7] Esta nostalgia por una naturaleza ausente, junto con la disminución del vínculo emocional con ella,

_____

5. María Novo Villaverde. "La complementariedad ciencia-arte para la construcción de un discurso ambiental integrado". *Polis*, 2004, n° 7. (12-III-2024).

6. La estética medioambiental postula la naturaleza en sí y el medioambiente como elementos susceptibles de apreciación estética. La vastedad de la naturaleza, su carácter caótico y a la vez metódico, así como la implicación del observador dentro de esta, exigen una reorientación de las categorías estéticas tradicionales, incluido el rechazo de la conexión de la belleza natural con lo pintoresco. *Vid.*: Eran Guter. *Aesthetics A-Z*. Edimburgo: Edinburgh University Press, 2010, pp. 64-65. En el caso de Martínez Guirao, además, el apoyo del conocimiento científico resulta clave para poder apreciar la naturaleza y sus cualidades.

7. Glenn Albrecht. "Psychoterratic conditions in a scientific and technological world". En: P.H. Kahn, P.H. Hasbach (eds.). *Ecopsychology: Science, Totems, and the Technological Species*. Cambridge: MIT Press, 2012, pp. 241–264.

La camisa de força, que opera ací com a metàfora de la demència, presenta una planta enfiladissa brodada, un símbol distintiu de la seua manera de fer, que representa la interconnexió d'idees.

Amb aquesta peça, l'autora subratlla el complex fenomen que implica el distanciament de la humanitat respecte a la natura. La industrialització i la urbanització han portat a una separació física i afectiva dels entorns naturals. Aquesta desconnexió es veu agreujada per la creixent dependència de la tecnologia i els mitjans de comunicació, que incentiven un estil de vida cada vegada més sedentari i virtual, allunyat de l'experiència directa amb la natura. A això, s'hi suma una visió antropocèntrica i binària del món. Aquesta cosmovisió ha portat a una explotació desmesurada dels recursos i a la percepció de la natura com un objecte de dominació i control, en lloc d'un sistema simbiòtic del qual s'és part.

Aquesta qüestió, l'ha analitzada en profunditat Martínez Guirao en la seua tesi doctoral recentment defensada. Hi assevera que aquest projecte persegueix donar a conèixer la branca científica de la psicologia ambiental, destacant i examinant les malalties associades a les transformacions induïdes per la manera de vida actual.[8] En el pla psicològic, la falta de contacte amb la natura pot portar a una disminució de l'empatia i de la preocupació pel medi ambient, cosa que perpetua el cicle de desafecció i de degradació ambiental. Només el retorn a l'entorn natural facilitarà el reconeixement dels desafiaments mediambientals actuals.

L'art ecologista pot, a vegades, qüestionar uns certs paràmetres de la ciència, al mateix temps que, per mitjà d'aquesta, amplia coneixements i perspectives. La ciència constitueix una eina metodològica, alhora que transforma o fusiona conceptes que usualment es presenten per separat en l'esfera de l'intel·lectual, com és el cas del binomi natura-cultura. Més que limitar-se a un mer examen d'objectes, el propòsit resideix en l'exploració de la relació de la humanitat amb el seu hàbitat, l'anàlisi de processos per a trobar solucions duradores a desafiaments concrets i, finalment, afavorir un canvi de paradigma per mitjà de la cultura i l'educació.

La desvinculació emocional respecte al fet natural en la societat contemporània reapareix en el projecte **Vegetació òssia**, amb el qual l'autora ha sigut guardonada amb el Premi dels Arts Expojove 2017 (Elx, Alacant). Ací

---

8. Miriam Martínez Guirao. *Jardines Efímeros: propuesta artística e indagaciones psicológicas sobre el papel que juega la vegetación en la ciudad.* Madrid: Universidad Complutense de Madrid, 2003, p. 81.

se representa mediante una camisa de fuerza, simbolizando una suerte de locura experimentada por un cuerpo que se encuentra privado de la naturaleza y, a su vez, es responsable de la salud del planeta. La camisa de fuerza, que opera aquí como metáfora de la demencia, presenta una enredadera bordada, un símbolo distintivo en su hacer, que representa la interconexión de ideas.

Con esta pieza, la autora subraya el complejo fenómeno que implica el distanciamiento de la humanidad respecto a la naturaleza. La industrialización y la urbanización han llevado a una separación física y afectiva de los entornos naturales. Esta desconexión se ve agravada por la creciente dependencia de la tecnología y los medios de comunicación, que incentivan un estilo de vida cada vez más sedentario y virtual, alejado de la experiencia directa con la naturaleza. A esto se le suma una visión antropocéntrica y binaria del mundo. Esta cosmovisión ha llevado a una explotación desmedida de los recursos y a la percepción de la naturaleza como un objeto de dominación y control, en lugar de un sistema simbiótico del cual se es parte.

Este asunto ha sido analizado en profundidad por Martínez Guirao en su tesis doctoral recientemente defendida. En ella asevera que este proyecto persigue dar a conocer la rama científica de la psicología ambiental, destacando y examinando las enfermedades asociadas a las transformaciones inducidas por el modo de vida actual.[8] A nivel psicológico, la falta de contacto con la naturaleza puede llevar a una disminución de la empatía y de la preocupación por el medioambiente, lo que perpetúa el ciclo de desapego y de degradación ambiental. Solo el regreso al entorno natural facilitará el reconocimiento de los desafíos medioambientales actuales.

El arte ecologista puede, en ocasiones, cuestionar ciertos parámetros de la ciencia, al tiempo que amplía conocimientos y perspectivas a través de ella. La ciencia constituye una herramienta metodológica, a la vez que transforma o fusiona conceptos que usualmente se presentan por separado en la esfera de lo intelectual, como es el caso del binomio naturaleza-cultura. Más que limitarse a un mero examen de objetos, el propósito reside en la exploración de la relación de la humanidad con su hábitat; el análisis de procesos para hallar soluciones duraderas a desafíos concretos; y finalmente, propiciar un cambio de paradigma a través de la cultura y la educación.

---

8. Miriam Martínez Guirao. *Jardines Efímeros: propuesta artística e indagaciones psicológicas sobre el papel que juega la vegetación en la ciudad.* Madrid: Universidad Complutense de Madrid, 2003, p. 81.

s'estimula el desig de reconnectar amb la natura, d'acceptar que la mateixa condició ontològica essencial hi està directament. La instal·lació evoca una moderna versió de la *vanitas* clàssica:

> Amb el projecte *Vegetació òssia*, tota l'obra se submergeix en una fossa comuna entre la vida (fulles daurades) i la mort (ossos), enllaçades com si d'entre els ossos nasquera la vida, com si la vida es lligara a la mort. Tanquem aquest cicle amb un homenatge, una "llorejada", un exvot o relíquia, del que és el reflex de la inconsciència i de la pèrdua personal i social de la nostra pròpia naturalesa. Tot aquesta desafecció emocional respecte al vegetal i el natural és l'adob per a idees noves, el desencadenant de nostàlgia pel natural que ara es torna a veure com una cosa valuosa.

Martínez Guirao ens remet una vegada més a un concepte de la psicologia ambiental, el dèficit de natura desenvolupat per Richard Louv. En el seu llibre *Last Child in the Woods* descriu els efectes adversos per a la salut física i mental que deriven de l'aïllament, cada vegada més gran, especialment dels xiquets, respecte de l'entorn natural.[9]

Una vegada establerta (i comprovada científicament) la indivisibilitat entre l'ésser humà i la natura, dirigim la nostra atenció cap al cos, l'instrument primigeni de l'artista. Una gran part de l'art mediambiental es nodreix de les interaccions que els autors estableixen amb la natura a través dels seus propis cossos, sovint en forma de rituals que impliquen una simbiosi amb la terra. Es colonitza d'aquesta manera un espai d'identificació en què cerquen una fusió simbòlica.[10] Una representació emblemàtica d'aquesta relació entre el cos i la natura és la integració física amb els elements del paisatge, com la duta a terme per artistes com Charles Simonds, Ana Mendieta, Fina Miralles, Teresa Murak o, en el nostre panorama, Alberto Carneiro.

L'estètica mediambiental explora la desconnexió de l'individu amb la natura mitjançant posades en escena que mostren el cos humà de forma fragmentada,

---

9. Louv argumenta que la falta de contacte regular amb entorns naturals pot contribuir al desenvolupament de trastorns com el TDAH, l'obesitat infantil, la depressió i l'ansietat. *Vid.*: Richard Louv. *Last Child in the Woods: Saving Our Children from Nature Deficit Disorder*. Chapel Hill, Nova York: Algonquin Press, 2008.
10. Javier Hernando. "Visiones de la naturaleza: el arte y la sensibilidad ecológica". En: Juan Antonio Ramírez; Jesús Carrillo (eds.). *Tendencias del arte, arte de tendencias a principios del siglo XXI*. Madrid: Cátedra, 2004.

La desvinculación emocional hacia lo natural en la sociedad contemporánea reaparece en el proyecto **Vegetación ósea**, con el que la autora es galardonada con el Premi de les Arts Expojove 2017 (Elche, Alicante). Aquí se estimula el deseo de reconectar con la naturaleza, de aceptar que la propia condición ontológica esencial está directamente ligada a ella. La instalación evoca una moderna versión de la *vanitas* clásica:

> Con el proyecto *Vegetación ósea*, toda la obra se sumerge en una fosa común entre la vida (hojas doradas) y la muerte (huesos), enlazadas como si de entre los huesos naciera la vida, como si la vida se atara a la muerte. Cerramos este ciclo con un homenaje, una "laureada", un exvoto o reliquia, de lo que es el reflejo de la inconsciencia y de la pérdida personal y social de nuestra propia naturaleza. Todo este desapego emocional hacia lo vegetal y lo natural es el abono para ideas nuevas, el desencadenante de nostalgia por lo natural que ahora se vuelve a ver como algo valioso.

Martínez Guirao nos remite una vez más a un concepto de la psicología ambiental, el déficit de naturaleza, desarrollado por Richard Louv. En su libro *Last Child in the Woods* describe los efectos adversos para la salud física y mental que resultan del aislamiento, cada vez mayor, especialmente de los niños, respecto del entorno natural.[9]

Una vez establecida (y comprobada científicamente) la indivisibilidad entre el ser humano y la naturaleza, dirigimos nuestra atención hacia el cuerpo, el instrumento primigenio del artista. Gran parte del arte medioambiental se nutre de las interacciones que los autores establecen con la naturaleza a través de sus propios cuerpos, a menudo en forma de rituales que implican una simbiosis con la tierra. Se coloniza de este modo un espacio de identificación en el que buscan una fusión simbólica.[10] Una representación emblemática de esta relación entre el cuerpo y la naturaleza es la integración física con los elementos del paisaje, como la llevada a cabo por artistas como Charles Simonds, Ana Mendieta, Fina Miralles, Teresa Murak o en nuestro panorama, Alberto Carneiro.

---

9. Louv argumenta que la falta de contacto regular con entornos naturales puede contribuir al desarrollo de trastornos como el TDAH, la obesidad infantil, la depresión y la ansiedad. *Vid*.: Richard Louv. *Last Child in the Woods: Saving Our Children from Nature Deficit Disorder*. Chapel Hill, Nueva York: Algonquin Press, 2008.

10. Javier Hernando. "Visiones de la naturaleza: el arte y la sensibilidad ecológica". En: Juan Antonio Ramírez; Jesús Carrillo (eds.). *Tendencias del arte, arte de tendencias a principios del siglo XXI*. Madrid: Cátedra, 2004.

distorsionada o descontextualitzada. S'hi observen estratègies com la mutilació simbòlica, la juxtaposició d'elements orgànics amb materials artificials o la utilització d'imatges surrealistes per a transmetre l'alienació respecte del món natural. Tant en *Cons-ciència psicoterràtica* com en **Vegetació òssia** l'espectador és convidat a presenciar la manipulació del cos. En la primera peça, es materialitza una bogeria viscuda per un cos que, despullat de la natura, es troba incapacitat, dominat i anul·lat. La fotografia que acompanya la camisa recull la imatge de la mà esquerra de la natura, suggerint un univers teratològic, una batalla per recompondre la pròpia identitat. En la segona, el cos queda desintegrat amb la serialització caòtica del fèmur. L'artista s'inclina, a més, pel material ceràmic, que s'associa amb la terra.[11] *Vegetació òssia* convida a observar el cos des d'una perspectiva desafiadora, el desenllaç vital de la qual pot variar, segons fins on s'aprofundisca en l'esfera de la consciència i la renovació personal.

En el mateix fet d'instal·lar cada peça òssia es produeix una litúrgia que pretén extraure aqueix efecte regenerador de la mort des d'un punt de vista biològic. De la mateixa manera, la camisa de força de *Con-sciència psicoterràtica*, en la seua primera exhibició, es broda en presència del públic. Tot això connecta amb l'ús del cos i amb l'art d'acció, amb la *performance*, molt lligats a l'art ecologista. No sols es deu a una intenció associada a l'*eco-friendly*, sinó que, per afegiment, exigeix un compromís de presència.

Des d'aquesta òptica s'ha d'abordar el treball de **GRAHAM BELL TORNADO** (Aberdeen, 1966). Disposa d'una formació fonamentalment científica i un dels seus mitjans expressius predilectes és la *perfomance*. La seua obra rep l'influx de la concepció del planeta proposada per Aldo Leopold, entès com un organisme vulnerable. El creador afavoreix una sèrie d'esdeveniments a València que exploren l'ecologia *queer* i l'ecotransfeminisme, sota el títol *Ferides obertes* (*Open Wounds*, 2012-2019), que culminen amb la inauguració del primer **Parc Post Industrial Natural Queer** (*PINQ, Post Industrial Natural Queer Park*, 2013-). Als Parcs PINQ es ret homenatge a les dones, als pobles indígenes, als *queers*, i als animals sacrificats en el transcurs de la destrucció inexorable de la natura. Aquests ecoparcs, concebuts com a "antimonuments dels caiguts", desafien la idea de societat heteronormativa i la conservació d'una natura immutable, i celebren, en canvi, el dinamisme i el constant fluir dels fenòmens naturals. A

---

11. María Eugenia Rojo Mas. "Entrevista a Miriam Martínez Guirao". En: *Arte y ecología en el contexto valenciano actual*. [Tesi doctoral]. València: Universitat de València, 2020, p. 502.

La estética medioambiental explora la desconexión del individuo con la naturaleza mediante puestas en escena que muestran el cuerpo humano de forma fragmentada, distorsionada o descontextualizada. Se observan estrategias como la mutilación simbólica, la yuxtaposición de elementos orgánicos con materiales artificiales o la utilización de imágenes surrealistas, para transmitir la alienación respecto del mundo natural. Tanto en *Con-ciencia psicoterrática* como en **Vegetación ósea** el espectador es invitado a presenciar la manipulación del cuerpo. En la primera pieza, se materializa una locura vivida por un cuerpo que, despojado de la naturaleza, se halla incapacitado, dominado y anulado. La fotografía que acompaña la camisa recoge la imagen de la mano izquierda de la naturaleza, sugiriendo un universo teratológico, una batalla por recomponer la propia identidad. En la segunda, el cuerpo queda desintegrado con la serialización caótica del fémur. La artista se inclina, además, por el material cerámico, que se asocia con la tierra.[11] *Vegetación ósea* invita a observar el cuerpo desde una perspectiva desafiante, cuyo desenlace vital puede variar, según hasta dónde se profundice en la esfera de la conciencia y la renovación personal.

En el propio hecho de instalar cada pieza ósea se produce una liturgia que pretende extraer ese efecto regenerador de la muerte desde un punto de vista biológico. Del mismo modo, la camisa de fuerza de *Con-ciencia psicoterrática*, en su primera exhibición, se borda en presencia del público. Todo ello conecta con el empleo del cuerpo y con el arte de acción, con la *performance*, muy ligados al arte ecologista. No solo se debe a una intención asociada a lo *eco-friendly*, sino que, por añadidura, exige un compromiso de presencia.

Bajo esta óptica se debe abordar el trabajo de **GRAHAM BELL TORNADO** (Aberdeen, 1966). Cuenta con una formación fundamentalmente científica y uno de sus medios expresivos predilectos es la *perfomance*. Su obra recibe el influjo de la concepción del planeta propuesta por Aldo Leopold, entendido como un organismo vulnerable. El creador propicia una serie de eventos en Valencia que exploran la *ecología queer* y el *ecotransfeminismo,* bajo el título *Heridas abiertas* (*Open Wounds*, 2012-2019), que culminan con la inauguración del primer **Parque Post Industrial Natural Queer** (*PINQ, Post Industrial Natural Queer Park, 2013-*). En los Parques PINQ se rinde homenaje a las mujeres, a los pueblos indígenas, a les *queers*, y a los animales

---

11. María Eugenia Rojo Mas. "Entrevista a Miriam Martínez Guirao". En: *Arte y ecología en el contexto valenciano actual*. [Tesis doctoral]. Valencia: Universitat de València, 2020, p. 502.

través del seu alter ego Geyserbird, subverteix l'"intent de controlar la sexualitat i la natura conservant l'*statu quo* que persegueix una natura prístina i estàtica".[12]

Les cerimònies d'inauguració dels Parcs PINQ tenen lloc en terrenys abandonats, magatzems i fàbriques. Així descriu Bell Tornado aquests territoris:

> Espais que són com ferides obertes en el paisatge, que mostren les restes del nostre passat industrial en una època en què la producció s'ha externalitzat a països amb controls mediambientals menys estrictes. Actualment, el passat industrial d'Europa està esborrant-se, a poc a poc, pels processos de colonització de la natura.[13]

Graham Bell descriu el seu cos com un dels seus mitjans preferits d'expressió. Considera que l'art és una manera d'existir en el món, per la qual cosa no estableix fronteres entre art i vida. Fa del cos un espai polític per a desafiar les normes heteropatriarcals, exposar noves identitats no binàries o qüestionar l'especisme i el sistema de coneixement categòric.

Amb Geyserbird com a mestre de cerimònies, es converteix en ocell. El *performer* admira l'habilitat dels insectes per a adaptar-se i canviar, un model a seguir per als éssers humans. Com a naturalista, presenta un especial interès pels ocells i els insectes, el comportament dels quals li serveix d'inspiració per la seua capacitat de mutació i resiliència.[14] Això representa un repte als paradigmes establerts, a les dicotomies tradicionals entre humà-animal, home-dona, natura-cultura. Paral·lelament, la metamorfosi d'aquestes espècies encarna el poder simbòlic de la seua pròpia transformació. Gràcies a les diferents identitats, aconsegueix adoptar una aparença *queer*, andrògina i singular.[15]

La indumentària de Geyserbird es confecciona reutilitzant material: en aquest cas, d'un sofà i d'una boà de plomes, obsequi d'una *vedette* de cabaret. Igual que recicla textos i vídeos a partir del "detritus de la cultura del consum, dels *ready-made* fets a mida i dels mitjans digitals", els seus vestits

---

12. Graham Bell Tornado. *Natural Hysteria (A Queer Response to Ecocide): An Exercise in Living Art, Participatory Rituals and Queer Ecology or How I Discovered Geyserbird, the Transgender Shaman within.* [Tesi doctoral]. València: Universitat Politècnica de València, 2018, p. 181.

13. Web de l'artista: <http://www.grahambelltornado.com/projects/pinq-park-I/> (25-05-2024).

14. María Eugenia Rojo Mas. "Entrevista a Graham Bell Tornado". En: *Arte y ecología en el contexto valenciano actual.* [Tesi doctoral]. València: Universitat de València, 2020, p. 485.

15. Graham Bell Tornado (ed.). *Eco-género X: Un proyecto (R)evolucionario sobre la Ecología y el Género desde la perspectiva Queer.* Xàtiva: L'Erreria (House of Bent), p. 26.

sacrificados en el transcurso de la destrucción inexorable de la naturaleza. Estos ecoparques, concebidos como "antimonumentos de los caídos", desafían la idea de sociedad heteronormativa y la conservación de una naturaleza inmutable, celebrando, en cambio, el dinamismo y el constante fluir de los fenómenos naturales. A través de su *alter ego* Geyserbird, subvierte el "intento de controlar la sexualidad y la naturaleza, conservando el *status quo* que persigue una naturaleza prístina y estática".[12]

Las ceremonias de inauguración de los Parques PINQ tienen lugar en terrenos abandonados, almacenes y fábricas. Así describe Bell Tornado estos territorios:

> Espacios que son como heridas abiertas en el paisaje, mostrando los restos de nuestro pasado industrial en una época en que la producción ha sido externalizada a países con controles medioambientales menos estrictos. Actualmente, el pasado industrial de Europa está siendo borrado, poco a poco, por los procesos de colonización de la naturaleza.[13]

Graham Bell describe su cuerpo como uno de sus medios preferidos de expresión. Considera que el arte es una forma de existir en el mundo, por lo que no establece fronteras entre arte y vida. Hace del cuerpo un espacio político para desafiar las normas heteropatriarcales, exponer nuevas identidades no binarias, o cuestionar el especismo y el sistema de conocimiento categórico.

Con Geyserbird como maestro de ceremonias, se convierte en ave. El *performer* admira la habilidad de los insectos para adaptarse y cambiar, un modelo a seguir para los seres humanos. Como naturalista, presenta un especial interés por los pájaros y los insectos, cuyo comportamiento le sirve de inspiración por su capacidad de mutación y resiliencia.[14] Esto supone un reto a los paradigmas establecidos, a las dicotomías tradicionales entre humano-animal, hombre-mujer, naturaleza-cultura. Paralelamente, la metamorfosis de estas especies encarna el poder simbólico de su propia transformación.

---

12. Graham Bell Tornado. *Natural Hysteria (A Queer Response to Ecocide): An Exercise in Living Art, Participatory Rituals and Queer Ecology or How I Discovered Geyserbird, the Transgender Shaman within.* [Tesis doctoral]. Valencia: Universitat Politècnica de València, 2018, p. 181.

13. Web del artista: <http://www.grahambelltornado.com/projects/pinq-park-/> (25-V-2024).

14. María Eugenia Rojo Mas. "Entrevista a Graham Bell Tornado". En: *Arte y ecología en el contexto valenciano actual.* [Tesis doctoral]. Valencia: Universitat de València, 2020, p. 485.

i accessoris s'armen a partir del material de rebuig.[16] El reciclatge artístic i la reutilització poden concebre's com una tasca social que mira de realçar el valor inherent dels objectes.[17] Aquesta proposta suposa que el plaer derivat del consumisme compulsiu i evasiu es transfereix al gaudi estètic d'elements amb història, emprats de manera enginyosa. Interpretar l'art en les deixalles implica considerar i assumir característiques humanes fonamentals, reconeixent, per exemple, que la creativitat sorgeix sovint d'una activitat lúdica amb articles inicialment considerats inútils. En aquest procés de transformació, els residus perden el seu significat original, reflecteixen la fragmentació i la transitorietat del seu origen. Despullats del seu antic propòsit, aquestes restes, en la gran majoria procedents de l'àmbit urbà, s'ennobleixen i adquireixen un contingut poètic.

La part tangible de les seus peces efímeres resideix en els cartells digitals, estendards i xapes que sol exposar en les mostres o xarrades en què presenta el seu projecte. Configura un mapa de *tags* on assenyala la xarxa de parcs PINQ Park. D'aquesta manera, es documenta el territori transformat que, de manera figurada, és protegit en els actes performatius. A continuació, es llista la xarxa de parcs oberts fins avui:

València:
Campanar, Cicle Ferides Obertes (al costat del Bioparc) 21/12/2013
Velluters, Festival d'Arts Intramurs (24/10/2015)
Benimaclet, AnArco Festival d'Art, CSOA L´Horta (8/4/2016)
El Carme, Institut Valencià d'Art Modern (28/5/2016)
El Grau, Las Naves, Exposició *Museari Queer Art* (1/8/2019)

Barcelona, Davis Museum (22/2/2014)
Madrid, Museo La Neomudéjar (17/4/2015)
Bilbao, Festival Internacional de Cinema i Arts Escèniques, Zinegoak (26/2/2017)
La Gomera, XVII Festival Encuentros en el Mar (16/7/2021)
Ljubljana, Laboratori Creatiu Krater (26/4/2024)

En la mostra *Contra-Petjades*, Bell exhibeix la pancarta del parc PINQ del Carme, el vestit i ornament de cap de Geyserbird i una vitrina amb tota classe de marxandatge: la placa del consolat del Brasil, fitxes d'animals en perill d'extinció (Canàries i Ljubljana), una xarxa mundial de parcs fictícia (utilizada

---

16. Graham Bell Tornado. *Natural Hysteria*, p. 28.
17. Tonia Raquejo. *Land Art*. 2a ed. [1a ed., 1998]. Hondarribia: Nerea, 2001, p. 46.

Gracias a las diferentes identidades, consigue adoptar una apariencia *queer*, andrógina y singular.[15]

La indumentaria de Geyserbird se confecciona reutilizando material, en este caso, de un sofá y de una boa de plumas, obsequio de una *vedette* de *cabaret*. Al igual que recicla textos y videos a partir del "detrito de la cultura del consumo, de los *readymades* hechos a medida y de los medios digitales", sus trajes y accesorios se arman a partir del material de desecho.[16] El reciclaje artístico y la reutilización pueden concebirse como una labor social que busca realzar el valor inherente de los objetos.[17] Esta propuesta supone que el placer derivado del consumismo compulsivo y evasivo se transfiere al disfrute estético de elementos con historia, empleados de manera ingeniosa. Interpretar el arte en los desechos implica considerar y asumir características humanas fundamentales, reconociendo, por ejemplo, que la creatividad surge con frecuencia de una actividad lúdica con artículos inicialmente considerados inútiles. En este proceso de transformación, los residuos pierden su significado original, reflejan la fragmentación y transitoriedad de su origen. Despojados de su antiguo propósito, estos restos, en su gran mayoría procedentes del ámbito urbano, se ennoblecen y adquieren un contenido poético.

La parte tangible de sus piezas efímeras reside en los carteles digitales, estandartes y chapas que suele exponer en las muestras o charlas en las que presenta su proyecto. Configura un mapa de *tags* donde señala la red de parques PINQ Park. De este modo, se documenta el territorio transformado que, de manera figurada, es protegido en los actos performativos. A continuación, se lista la red de parques abiertos hasta la fecha:

Valencia:
Campanar, Ciclo Heridas Abiertas (junto al Bioparc) 21/12/2013
Velluters, Festival de Artes Intramurs (24/10/2015)
Benimaclet, AnArco Festival de Arte, CSOA L'Horta (8/4/2016)
El Carmen, Instituto Valenciano de Arte Moderno (28/5/2016)
El Grau, Las Naves, Exposición "Museari Queer Art" (1/8/2019)

Barcelona, Davis Museum (22/2/2014)
Madrid, Museo La Neomudéjar (17/4/2015)

15. Graham Bell Tornado (ed.). *Eco-género X: Un proyecto (R)evolucionario sobre la Ecología y el Género desde la perspectiva Queer*. Játiva: La Erreria (House of Bent), p. 26.
16. Graham Bell Tornado. *Natural Hysteria*, p. 28.
17. Tonia Raquejo. *Land Art*. 2ª ed. [1ª ed., 1998]. Hondarribia: Nerea, 2001, p. 46.

en la presentació que va tenir lloc a l'IVAM), una màscara de Bolsonaro, el dibuix del parc PINQ La Gomera, xapes de delegats PINQ, l'Atles PINQ[18] i diversos instruments utilitzats en cercaviles.

Fes-ho tu mateix

La dimensió gràfica és fonamental en Graham Bell per a la creació de la seua estètica: és la que genera un impacte visual significatiu i modifica els espais on es desplega l'acció. Fer-ho a mà i l'estètica DIY són distintius evidents de la seua obra plàstica. El projecte *The Recyclopedia* està en desenvolupament des de 2008. Inspirat en l'empresa de Diderot i d'Alembert, duu a terme un reciclatge visual que representa una forma d'insubordinació enfront de l'esforç il·lustrat de crear un arxiu sistemàtic del coneixement. Qüestiona el pensament patriarcal occidental dominant i la seua cega devoció per la ciència, fascinada per una visió mecanicista de l'univers amb l'home en el centre.[19]

Per a la presentació de l'obra gràfica ***Reciclopedia vol. XIX: World Wide Web*** (2024) en aquesta mostra, Bell declara que es tracta d'"un encanteri per a unir-nos a tots els organismes terrestres, biològics, físics, corporals, governamentals i no governamentals. És la reserva genètica mundial, compartida i en comú". Com a suport empra les pàgines d'una revista de ciències naturals dels anys seixanta. Amb aquestes compon una teranyina en què trobem granotes feministes, fardatxos homosexuals, serps negres, iguanes transvestides, esfinxs bisexuals, flors palestines i escarabats ecologistes, "entre moltis altris".

L'obra s'executa mitjançant tècniques de cal·ligrafia, dibuix, enginyeria de paper per a generar *pop-ups*, paper encolat, *collage*, que conforma un treball d'arxiu ressignificat. Aquesta espècie de palimpsest mira de substituir els discursos històrics hegemònics per una narrativa histèrica. El terme *histèria* reemplaça ací el d'*història* com a reinterpretació del passat i el present des de la perspectiva de l'alteritat, de les espècies en perill d'extinció, de les cultures indígenes, el *queer* i el feminisme.[20] La composició mostra un organisme gegantí amb fotografies, il·lustracions i diagrames units per un traç caòtic. D'aquesta

---

18. L'Atles és un "llibre alterat" en forma de carpeta, folrat amb mapes de l'atles original, i que funciona com a arxivador de la documentació PINQ.

19. Web de l'artista: <http://www.grahambelltornado.com> (15-02-2024).

20. Graham Bell Tornado. *Natural Hysteria*, p. 181.

Bilbao, Festival Internacional de Cine y Artes Escénicas, Zinegoak
   (26/2/2017)
La Gomera, XVII Festival Encuentros en el Mar (16/7/2021)
Ljubljana, Laboratorio Creativo Krater (26/4/2024)

En la muestra *Contra-Huellas*, Bell exhibe la pancarta del parque PINQ de El Carmen, el traje y tocado de Geyserbird y una vitrina con toda clase de *merchardising*: la placa del consulado de Brasil, fichas de animales en peligro de extinción (Canarias y Ljubljana), una red mundial de parques ficticia (utilizado en la presentación que tuvo lugar en el IVAM), una mascarilla de Bolsonaro, el dibujo del parque PINQ La Gomera, chapas de delegados P.I.N.Q., el Atlas P.I.N.Q.[18] y varios instrumentos utilizados en pasacalles.

Hazlo tú mismo

La dimensión gráfica es fundamental en Graham Bell para la creación de su estética: es la que genera un impacto visual significativo y modifica los espacios donde se desarrolla la acción. Lo hecho a mano y la estética DIY son distintivos evidentes de su obra plástica. El proyecto *The Recyclopedia* lleva en desarrollo desde 2008. Inspirado en la empresa de Diderot y d'Alembert, lleva a cabo un reciclaje visual que representa una forma de insubordinación frente al esfuerzo ilustrado de crear un archivo sistemático del conocimiento. Cuestiona el pensamiento patriarcal occidental dominante y su ciega devoción por la ciencia, fascinada por una visión mecanicista del universo con el hombre en el centro.[19]

Para la presentación de la obra gráfica **Reciclopedia vol. XIX: World Wide Web** (2024) en la presente muestra, Bell declara que se trata de "un hechizo para unirnos a todos los organismos terrestres, biológicos, físicos, corporales, gubernamentales y no gubernamentales. Es la reserva genética mundial, compartida y en común". Como soporte emplea las páginas de una revista de ciencias naturales de los años sesenta. Con ellas compone una telaraña en la que hallamos ranas feministas, lagartos homosexuales, serpientes negras, iguanas travestidas, esfinges bisexuales, flores palestinas y escarabajos ecologistas, "entre muches otres".

La obra se ejecuta mediante técnicas de caligrafía, dibujo, ingeniería de papel para generar *pop ups*, *papier collé*, *collage*, que conforma un trabajo de archivo resignificado. Esta especie de palimpsesto busca sustituir los discursos

---

18. El Atlas es un "libro alterado" en forma de carpeta, forrado con mapas del atlas original, y que funciona como archivador de la documentación P.I.N.Q.
19. Web del artista: <http://www.grahambelltornado.com> (15-II-2024).

manera, els nostres sistemes de representació es tornen part del tot i així ens recorden que en aquest tot també se situa l'ésser humà.

L'artesanal té a veure amb la resistència del *performer* a vincular la seua tasca amb una mena de disseny associada a la cosa industrial, comercial, al capitalisme i a la moda efímera. La promoció d'una estètica DIY mira d'emancipar-se de la producció industrial d'artefactes alineant-se amb tendències contraculturals per desafiar el sistema de l'art tradicional. *Do it yourself* constitueix una forma de vida, una ètica, una filosofia que ofereix a l'espectador oportunitats creatives i supera les barreres entre artista i públic, així com també entre art i artefacte, tot destacant la capacitat de qualsevol persona per a dur a terme actes creatius. D'aquesta manera es dignifica una visualitat *amateur*, que revalora el que és manual, l'imperfecte, la lletjor, el teratològic, el naïf, el *queer* i l'*underground*. Aquesta estratègia es resisteix a l'hegemonia de l'art i el disseny capitalista, a més de tenir implicacions ètiques, ja que s'estimula l'autosuficiència i la cooperació comunitària i contraresta l'individualisme, la hiperespecialització i el ritme accelerat de la producció moderna.

L'economia basada en la fe indestructible en el progrés tecnològic persisteix fins a l'actualitat, sustentada en la convicció que aquestes innovacions, tal com ho han fet en el passat, resoldran els desafiaments futurs. En les bases d'una cultura de la sostenibilitat es troba una reflexió crítica sobre el paper de les noves tecnologies, juntament amb l'adopció d'un estil de vida que minimitze el nostre impacte ambiental. En l'àmbit artístic s'intenten integrar habilitats tradicionals amb tecnologies d'avantguarda per transmetre visions d'un futur desitjable. Encara que la narrativa ecologista no és aliena a això, promou una nova mirada a l'artesanal: desafia així els paradigmes de la globalització i reconstitueix una resistència cultural i econòmica.

Més enllà de la ruptura de les jerarquies en l'art i la creativitat, la inclusió de l'artesania en la pràctica artística implica un retorn a les tradicions geogràfiques locals adaptant-se a les necessitats i les característiques específiques de cada comunitat. A més de revitalitzar la cultura des d'una perspectiva ecològica, contraresta la influència homogeneïtzadora de la globalització i afavoreix la construcció de comunitat unida per les arrels del seu propi entorn natural i cultural.

La producció de **MARCO RANIERI** (Milà, 1984) ha adoptat la tradició dels oficis locals en un acte de revisió de coneixements del passat, per a enfortir aquella identitat cultural que s'adapta de manera respectuosa al seu territori. El seu repertori artístic abasta una àmplia gamma d'oficis, des de l'artesania amb fibres

históricos hegemónicos por una narrativa histérica. El término *histeria* reemplaza aquí al de *historia* como reinterpretación del pasado y el presente desde la perspectiva de la alteridad, de las especies en peligro de extinción, de las culturas indígenas, lo *queer* y el feminismo.[20] La composición muestra un organismo gigantesco con fotografías, ilustraciones y diagramas unidos por un trazo caótico. De este modo, nuestros sistemas de representación se vuelven parte del todo, recordándonos que en ese todo también se ubica el ser humano.

Lo artesanal tiene que ver con la resistencia del *performer* a vincular su labor con un tipo de diseño asociado a lo industrial, al capitalismo, a lo comercial y a la moda efímera. La promoción de una estética DIY busca emanciparse de la producción industrial de artefactos, alineándose con tendencias contraculturales para desafiar el sistema del arte tradicional. *Do it yourself* constituye una forma de vida, una ética, una filosofía que ofrece al espectador oportunidades creativas, superando las barreras entre artista y público, así como entre arte y artefacto, destacando la capacidad de cualquier persona para realizar actos creativos. De este modo, se dignifica una visualidad *amateur*, poniendo en valor lo manual, lo imperfecto, la fealdad, lo teratológico, lo naïf, lo *queer* y lo *underground*. Esta estrategia se resiste a la hegemonía del arte y diseño capitalista, además de tener implicaciones éticas, ya que se estimula la autosuficiencia y la cooperación comunitaria, contrarrestando el individualismo, la hiperespecialización y el ritmo acelerado de la producción moderna.

La economía basada en la fe inquebrantable en el progreso tecnológico persiste hasta la actualidad, sustentada en la convicción de que dichas innovaciones, tal como lo han hecho en el pasado, resolverán los desafíos futuros. En las bases de una cultura de la sostenibilidad se halla una reflexión crítica sobre el papel de las nuevas tecnologías, junto con la adopción de un estilo de vida que minimice nuestro impacto ambiental. En el ámbito artístico, se busca integrar habilidades tradicionales con tecnologías de vanguardia para transmitir visiones de un futuro deseable. Aunque la narrativa ecologista no es ajena a ello, promueve una nueva mirada a lo artesanal, desafiando los paradigmas de la globalización y reconstituyendo una resistencia cultural y económica.

Más allá de la ruptura de las jerarquías en el arte y la creatividad, la inclusión de la artesanía en la práctica artística implica un retorno a las tradiciones geográficas locales, adaptándose a las necesidades y caracterís-

---

20. Graham Bell Tornado. *Natural Hysteria*, p. 181.

vegetals, la fusteria, l'agricultura, fins a la fleca i l'obra. Aquest enfocament li permet establir una connexió directa amb la matèria primera en el seu estat original i li ofereix una comprensió més profunda del món, de l'ésser humà i de la natura. A més d'acostar-lo a entorns naturals menys modificats per l'activitat humana, la seua tasca evoca records de la memòria col·lectiva que adquireixen significats historicoculturals.

En una posició similar a la de Perejaume o Willem Sandberg, en la narrativa de Ranieri s'assumeix que el natural també pot ser considerat artístic.[21] De fet, el caràcter líric de l'obra emergeix d'un acte performatiu en l'entorn, amb la intenció de comunicar a l'espectador una experiència subjectiva. Tot això s'aprecia en la seua instal·lació *La foresta nascosta* (2021). Hi utilitza una tècnica d'estampació botànica sobre cotó orgànic a partir de plantes recol·lectades a la serra d'Espadà. L'estètica d'arxiu visual, similar a la de les col·leccions botàniques o entomològiques, l'agermanen amb el mètode científic, almenys en la tirada taxonòmica.

L'experiència física de la recol·lecció acaba materialitzant-se en un compendi que, d'una banda, evoca el joc infantil de recollir trofeus. D'aquesta manera, connecta amb l'espectador a través de l'empatia. D'altra banda, aquest i altres treballs estableixen una afinitat amb l'enfocament científic de classificació i organització sistemàtica d'organismes. Finalment, es presenta com un recurs didàctic des de l'esfera artística, però també en el que toca al coneixement de l'hàbitat.

En l'art mediambiental, el treball d'arxivament adquireix una rellevància singular, ja que insta a reflexionar sobre la impossibilitat d'obtenir un coneixement complet o de registrar de manera integral tots els fenòmens coneguts. Proporciona l'ocasió per a revelar veritats en empreses que poden arribar a estendre's tota una vida, ja que es tracta d'una feina sense fi.

Surant sobre els blancs llenços de la seua lleugera peça s'observen espècies autòctones, com l'espígol o el roser caní; altres, arrelades culturalment, com la surera i l'olivera; i altres, invasores, com l'eucaliptus. És el resultat de la seua indagació artística sobre la biodiversitat del bosc en

———————————

21. José María Parreño Velasco. *Naturalmente artificial: El arte español y la naturaleza: 1968-2006.* (Exposició celebrada al Museo de Arte Contemporáneo Esteban Vicente, Segòvia, del 19-09-2006 al 10-12-2006). Segòvia: Museo de Arte Contemporáneo Esteban Vicente, 2006, p. 79.

ticas específicas de cada comunidad. Amén de revitalizar la cultura desde una perspectiva ecológica, contrarresta la influencia homogeneizadora de la globalización y propicia la construcción de comunidad unida por las raíces de su propio entorno natural y cultural.

La producción de **MARCO RANIERI** (Milán, 1984) ha adoptado la tradición de los oficios locales en un acto de revisión de conocimientos del pasado, para fortalecer aquella identidad cultural que se adapta de forma respetuosa a su territorio. Su repertorio artístico abarca una amplia gama de oficios, desde la artesanía con fibras vegetales, la carpintería, la agricultura, la panadería y la albañilería. Este enfoque le permite establecer una conexión directa con la materia prima en su estado original, ofreciéndole una comprensión más profunda del mundo, del ser humano y de la naturaleza. Además de acercarlo a entornos naturales menos modificados por la actividad humana, su labor evoca recuerdos de la memoria colectiva, que adquieren significados histórico-culturales.

En una postura similar a la de Perejaume o Willem Sandberg, en la narrativa de Ranieri se asume que lo natural también puede ser considerado artístico.[21] De hecho, el carácter lírico de la obra emerge de un acto performativo en el entorno, con la intención de comunicar al espectador una experiencia subjetiva. Todo ello se aprecia en su instalación **La foresta nascosta** (2021). Emplea una técnica de estampación botánica sobre algodón orgánico a partir de plantas recolectadas en la Sierra de Espadán. La estética de archivo visual, similar a la de las colecciones botánicas o entomológicas, lo hermanan con el método científico, al menos en el temple taxonómico.

La experiencia física de la recolección se acaba materializando en un compendio que, de una parte, evoca el juego infantil de recolectar trofeos. De esta forma, conecta con el espectador a través de la empatía. Por otra parte, este y otros trabajos establecen una afinidad con el enfoque científico de clasificación y organización sistemática de organismos. Finalmente, se presenta como un recurso didáctico desde la esfera artística, pero también en lo que concierne al conocimiento del hábitat.

En el arte medioambiental, el trabajo de archivo adquiere una relevancia singular, al instar a reflexionar sobre la imposibilidad de obtener un cono-

21. José María Parreño Velasco. *Naturalmente artificial: El arte español y la naturaleza: 1968-2006*. (Exposición celebrada en el Museo de Arte Contemporáneo Esteban Vicente, Segovia, del 19-IX-2006 al 10-XII-2006). Segovia: Museo de Arte Contemporáneo Esteban Vicente, 2006, p. 79.

diferents territoris. S'executa mitjançant una tècnica tradicional de tenyiment natural adaptada a la creació artística, que permet transferir a la tela la petjada de les plantes recol·lectades *in situ*.

Dues de les instal·lacions presentades per a aquesta exposició, **Herbes per fer ratafía** (2021) i **Fermentació edàfica** (2022), deriven d'una residència artística de l'italià organitzada al Centre d'Art Contemporani i Sostenibilitat, el Forn de Calç, juntament amb la Fundació l'Era, el productor local, i Rosa Binimelis, de la Càtedra d'Agroecologia i Sistemes Alimentaris de l'UVIC i de la Xarxa de Sobirania Alimentària de la Catalunya Central. S'emmarca en la convocatòria de pràctiques agroartístiques "Resiliències silvestres. Biodiversitat local i coneixements comunitaris" del mateix CACiS. L'objectiu se centra a rescatar els sabers de la tradició local en relació amb els principals usos del sòl i el coneixement de la biodiversitat silvestre de la Catalunya Central. La iniciativa posa en marxa una recerca des d'un enfocament multidisciplinari que congrega art, ecologia, biologia, etnobotànica i història. S'identifiquen més de 250 espècies vegetals i es crea una base de dades de biodiversitat vegetal, en què es destaca que l'àrea del Forn de la Calç és la més diversa. Per divulgar els resultats, es desenvolupa un herbari i un hort mòbil.

Durant aquesta residència, l'artivista participa en l'acció *Pa per a nodrir la terra*. En aquesta s'exploren les dinàmiques d'expansió i recessió de l'agricultura industrial capitalista. El pa es considera emblema de múltiples conceptes, com llar, terra, feina, lluita dels camperols, sobirania alimentària. En 2020 Espanya va produir 8 milions de tones de blat,[22] quasi tot amb mètodes industrials, cosa que provoca la pèrdua d'espècies espontànies. A diferència de l'agricultura convencional, que extrau recursos, aquesta acció restitueix al sòl llavors de plantes desaparegudes per l'ús de biocides i permet així el renaixement d'espècies com roselles, alfals i trèvols en terrenys en desús.

Un any més tard executa **Fermentació edàfica**, un projecte de recerca que se centra en l'èdafon, la biota microscòpica del sòl, i estudia el seu potencial per a actuar com a llevat alimentari. Es duu a terme durant una residència artística en Nature Art and Habitat 2022, a Bèrgam, amb la temàtica "Soil: The Critical Zone" ('Sòl: La zona crítica'). Ranieri duu a terme diversos experiments utilitzant

---

22. Ministerio de Agricultura, Pesca y Alimentación. Cereales. Disponible en: <https://www.mapa.gob.es/en/agricultura/temas/producciones-agricolas/cultivos-herbaceos/cereales/> (20-05-2024).

cimiento completo o de registrar de forma integral todos los fenómenos conocidos. Proporciona la ocasión para desvelar verdades en empresas que pueden llegar a extenderse toda una vida, puesto que se trata de una labor sin fin.

Flotando sobre los blancos lienzos de su ligera pieza se observan especies autóctonas, como el espliego o la rosa canina; otras arraigadas culturalmente, como el alcornoque y el olivo; y otras invasoras, como el eucalipto. Es el resultado de su indagación artística sobre la biodiversidad del bosque en diferentes territorios. Se ejecuta mediante una técnica tradicional de teñido natural adaptada a la creación artística, que permite transferir a la tela la huella de las plantas recolectadas *in situ*.

Dos de las instalaciones presentadas para esta exposición, ***Herbes per fer ratafía*** (2021) y ***Fermentación edáfica*** (2022), derivan de una residencia artística del italiano organizada en el Centro de Arte Contemporáneo y Sostenibilidad, El Forn de Calç, junto a la Fundación l'Era, el productor local, y Rosa Binimelis, de la Cátedra de Agroecología y Sistemas Alimentarios de la UVIC y de la Red de Soberanía Alimentaria de la Cataluña Central. Se enmarca en la convocatoria de prácticas agroartística "Resiliencias silvestres. Biodiversidad local y conocimientos comunitarios" del propio CACiS. El objetivo se centra en rescatar los saberes de la tradición local en relación con los principales usos del suelo y el conocimiento de la biodiversidad silvestre de la Cataluña Central. La iniciativa pone en marcha una investigación desde un enfoque multidisciplinar que congrega arte, ecología, biología, etnobotánica e historia. Se identifican más de 250 especies vegetales y se crea una base de datos de biodiversidad vegetal, destacando que el área del Forn de la Calç es la más diversa. Para divulgar los resultados, se desarrolla un herbario y un huerto móvil.

Durante esta residencia, el artivista participa en la acción *Pan para nutrir la tierra*. En ella se exploran las dinámicas de expansión y recesión de la agricultura industrial capitalista. El pan se considera emblema de múltiples conceptos, como hogar, tierra, trabajo, lucha campesina, soberanía alimentaria. En 2020, España produjo 8 millones de toneladas de trigo,[22] casi toda bajo métodos industriales, lo que provoca la pérdida de especies espontáneas. A diferencia de la agricultura convencional que extrae recursos, esta acción

---

22. Ministerio de Agricultura, Pesca y Alimentación. Cereales. Disponible en: <https://www.mapa.gob.es/en/agricultura/temas/producciones-agricolas/cultivos-herbaceos/cereales/> (20-V-2024).

mostres de sòl obtingudes en diferents llocs, a diferents altituds i condicions climàtiques a la Val Taleggio (acaramullada de boscos, pastures i torrents) per a fermentar farina i coure pa. Una part del pa es fermenta directament en pous oberts sota terra, en zona de pastures alpines, a 1.700 metres d'altitud. El procés es documenta amb vídeo i fotografia i que el "pa de terra" es tasta, es transforma en peces escultòriques o es deposita en el sòl durant accions performatives.

Marco Ranieri explora la cultura agrària des de la curiositat científica:

> Una gran part de la vida i la biodiversitat del nostre planeta es concentra en la fracció més superficial del sòl. En un grapat de terra podríem tenir més de mil milions de microorganismes pertanyents a unes deu mil espècies diferents.[23]

L'estudi dels ecosistemes agraris és una temàtica recurrent en la seua tasca i d'aquesta manera estableix el vincle entre els entorns vitals i els individus. Les plantes personifiquen la resiliència cultural associada a aquests hàbitats[24] i alhora, pel fet de destacar la importància de les espècies vegetals, es promouen actituds de respecte envers l'hàbitat.

Ranieri creix entre els densos boscos de fajos i els extensos prats dels Alps apuans. Des d'una edat ben primerenca adquireix una profunda estima per l'ecosistema circumdant, del qual comprèn la dinàmica i participa activament en diversos oficis. Aquests primers aprenentatges es reflecteixen en la seua obra artística, ja que els utilitza com a vehicles per a establir llaços amb la cultura local i l'entorn natural.

D'altra banda, la producció de Ranieri s'ajusta a la filosofia del "fes-ho tu mateix", amb diverses implicacions. Una té a veure amb la no dependència de les noves tecnologies. Una altra, amb la possibilitat d'esquivar l'actual sistema d'hiperespecialització consumista i capitalista, un cercle viciós al qual estan subjectes la majoria de les persones. Finalment, es fa ací una crida a responsabilitzar-se dels propis actes, a fer un pas més en el compromís amb la cura del medi ambient: si les persones aprenen a "fer-s'ho elles mateixes", no seran tan dependents del consum de masses i la producció industrial, però sí més sostenibles.

Pep Torné, masover de la masia de Torrecabota, ha rebut i perpetuat la recepta de la ratafia durant anys. Dirigeix anualment un taller sobre identificació

---

23. Marco Ranieri. Web de l'artista <https://marcoranieri.org/edaphic-fermentation> (27-02-2024).
24. Marco Ranieri. *La ampliación de la mirada...*, p. 78-79.

restituye al suelo semillas de plantas desaparecidas por el uso de biocidas, permitiendo el renacimiento de especies como amapolas, alfalfa y tréboles en terrenos en desuso.

Un año más tarde ejecuta **Fermentación edáfica,** un proyecto de investigación que se centra en el edafón, la biota microscópica del suelo, y estudia su potencial para actuar como levadura alimentaria. Se lleva a cabo durante una residencia artística en Nature Art and Habitat 2022, en Bérgamo, con la temática "Soil: The Critical Zone" (Suelo: La zona crítica). Ranieri realiza diversos experimentos utilizando muestras de suelo obtenidas en diferentes lugares, a diferentes altitudes y con las condiciones climáticas en la Val Taleggio (colmada de bosques, pastos, torrentes) para fermentar harina y hornear panes. Parte del pan se fermenta directamente en pozos realizados bajo tierra, en zona de pastos alpinos, a 1.700 metros de altitud. El proceso se documenta con video y fotografía, mientras que el "pan de tierra" se prueba, se transforma en piezas escultóricas o se deposita en el suelo durante acciones performativas.

Marco Ranieri explora la cultura agraria desde la curiosidad científica:

> Una gran parte de la vida y la biodiversidad de nuestro planeta se concentra en la fracción más superficial del suelo. En un puñado de tierra, podríamos tener más de mil millones de microorganismos pertenecientes a unas diez mil especies distintas.[23]

El estudio de los ecosistemas agrarios es una temática recurrente en su labor, estableciendo, de esta manera, el vínculo entre los entornos vitales y los individuos. Las plantas personifican la resiliencia cultural asociada a estos hábitats,[24] mientras que al destacar la importancia de las especies vegetales, se promueven actitudes de respeto hacia el hábitat.

Ranieri crece entre los densos bosques de hayas y los extensos prados de los Alpes Apuanos. Desde temprana edad adquiere un profundo aprecio por el ecosistema circundante, comprendiendo su dinámica y participando activamente en diversos oficios. Estos primeros aprendizajes se reflejan en su obra artística, utilizándolos como vehículos para establecer lazos con la cultura local y el entorno natural.

Por otro lado, la producción de Ranieri se ajusta a la filosofía del "hazlo tú mismo", con varias implicaciones. Una tiene que ver con la no dependencia

---

23. Marco Ranieri. Web del artista <https://marcoranieri.org/Edaphic-fermentation> (27-II-2024).
24. Marco Ranieri. *La ampliación de la mirada…*, pp. 78-79.

i recol·lecció de plantes per a elaborar-ne. Aquest taller, en què participa Ranieri en 2021 i del qual emana la peça **Herbes per fer ratafia** (2021), es crea de manera col·laborativa al Forn de la Calç. La preparació d'aquest licor tradicional, valorat pel seu caràcter col·lectiu i la seua connexió amb la flora autòctona, disposa d'una varietat de receptes, cadascuna arrelada en la biodiversitat d'aquest particular paisatge.

Una gran part de la producció de Marco Ranieri es gesta en la seua experiència corporal amb l'entorn. En la seua pràctica entaula un diàleg amb l'espai, la seua memòria individual i la col·lectiva, així com amb l'energia dels seus agents creatius. Examina també la noció d'empatia i interdependència, alhora que fa una tasca introspectiva i sincera amb si mateix com a creador en la construcció de l'itinerari creatiu "desig-idea-procés-obra".[25]

La botella de ratafia s'acompanya d'uns dibuixos en paper artesanal. Ranieri es forma amb el pintor citacionista Omar Gallani, de qui rep els coneixements de la tècnica de dibuix renaixentista, que l'autor manté en l'ús de grafit. Juntament amb la rèplica del model real de les plantes seleccionades per a elaborar el licor, exposa documentació fotogràfica i sonora de les converses amb Pep Torné.

La poètica minimalista de Ranieri resulta subtil, ecològica i ofereix aspectes pragmàtics relacionats de la vida diària. Tant les seues intervencions en el paisatge com les seues peces són el resultat de l'aplicació de didàctiques artístiques i mediambientals de les quals forma part. Igualment, ha participat en projectes d'educació ambiental. En 2015 organitza *Herbari urbà*, al Carme, per al festival d'art públic Intramurs; una visita guiada per les rutes de major proliferació de plantes ruderals. En 2018 i 2019 es presenta Aula Ecoarte en residències artístiques organitzades per l'Ajuntament de València i el programa "Resistències artístiques" del Consorci de Museus. El taller inclou jocs visuals amb imatges d'ecosistemes, exploració sensorial de l'hort, recol·lecció d'elements naturals per a escultures efímeres i trenada de vímet per a crear nius d'insectes pol·linitzadors. Entrellaça art i educació ambiental amb l'objectiu de remar cap a la construcció d'un nou paradigma ecològic.

En els seus últims treballs, **CHIARA SGARAMELLA** (Cerignola, Pulla, Itàlia, 1982) ha centrat la seua investigació en les pràctiques agrícoles no industrials. En la seua estada en 2021 al Centre de Recerca d'Arts i Ciències Pianpicollo Selvatico (Alta Langa,

---

25. Iperpianalto. "IperPianalto Exhibition". 2018. En: <https://www.gamtorino.it/it/eventi-e-mostre/iperpianaltoexhibition> (26-05-2024).

de las nuevas tecnologías. Otra, con la posibilidad sortear el actual sistema de hiperespecialización consumista y capitalista, un círculo vicioso al que están sujetas la mayoría de las personas. Finalmente, se hace aquí un llamamiento a responsabilizarse de los propios actos, a dar un paso más en el compromiso con el cuidado del medioambiente: si las personas aprenden a "hacerlo ellas mismas", no serán tan dependientes del consumo de masas y la producción industrial, pero sí más sostenibles.

Pep Torné, mesovero de la masía de Torrecabota, ha recibido y perpetuado la receta de la ratafía durante años. Dirige anualmente un taller sobre identificación y recolección de plantas para su elaboración. Este taller, en el que participa Ranieri en 2021, y del que emana la pieza **Herbes per fer ratafía** (2021), se crea de manera colaborativa en el Forn de la Calç. La preparación de este licor tradicional, valorado por su carácter colectivo y su conexión con la flora autóctona, cuenta con una variedad de recetas, cada una de ellas arraigada en la biodiversidad de este particular paisaje.

Gran parte de la producción de Marco Ranieri se gesta en su experiencia corporal con el entorno. En su práctica entabla un diálogo con el espacio, su memoria individual y la colectiva, así como con la energía de sus agentes creativos. Examina también la noción de empatía e interdependencia, a la vez que realiza una labor introspectiva y sincera consigo mismo como creador en la construcción del itinerario creativo "deseo-idea-proceso-obra".[25]

La botella de ratafía se acompaña de unos dibujos en papel artesano. Ranieri se forma con el pintor citacionista Omar Gallani, de quien recibe los conocimientos de la técnica de dibujo renacentista, que el autor mantiene en el empleo de grafito. Junto a la réplica del modelo real de las plantas seleccionadas para elaborar el licor, expone documentación fotográfica y sonora de las conversaciones con Pep Torné.

La poética minimalista de Ranieri resulta sutil, ecológica y ofrece aspectos pragmáticos relacionados de la vida diaria. Tanto sus intervenciones en el paisaje como sus piezas son el resultado de la aplicación de didácticas artística y medioambientales de las que forma parte. Igualmente, ha participado en proyectos de educación ambiental. En 2015 organiza *Herbario urbano*, en El Carmen, para el festival de arte público Intramurs; una visita guiada por las rutas de mayor proliferación de plantas ruderales. En 2018 y

---

25. Iperpianalto. "IperPianalto Exhibition". 2018. En: <https://www.gamtorino.it/it/eventi-e-mostre/iperpianaltoexhibition> (26-V-2024).

Itàlia), es replanteja les possibilitats de coexistència entre l'ésser humà i la resta d'espècies. D'aquest interès sorgeix **Assemblees multiespècies** (2023-2024).

El gravat, sovint, implica l'ús d'àcids corrosius, tintes que contenen metalls pesants i altres productes químics que produeixen gasos, substàncies i residus altament tòxics. Des d'un punt de vista tècnic, Sgaramella fa les impressions amb terres, pigments i aglutinants naturals. Es tracta d'una sèrie d'estampes fruit d'una indagació sobre tècniques gràfiques no tòxiques i de baix impacte. Sobre paper, les imatges reprodueixen els elements vius i inerts que componen el sòl, com minerals, bacteris, fongs o fragments vegetals.

En aquest projecte aborda el concepte de sòl, que concep com un espai que proporciona aliment, al mateix temps que constitueix un repositori històric. Des de la seua perspectiva, en el sòl convergeix l'aliment físic i intel·lectual, ja que se n'extrau la generació de coneixement, la praxi artística i agrícola respectuosa, així com també els processos naturals. Finalment, tal com dicten les noves teories científiques, el sòl és una "comunitat" d'éssers vius interdependent. A partir d'aquesta base sorgeix la idea de "cures", que l'artista recull de la filòsofa María Puig de la Bellacasa:

> L'amor entre espècies aporta noves capes a una idea de formes de cura més enllà de l'humà. La cura és necessària en processos en què humans i no humans es coeduquen mútuament per viure, treballar i jugar junts amb la finalitat de construir una relació d'"alteritat significativa".[26]

La reproducció de les estructures i formes dels organismes vius té un sentit estètic que recau en la revaloració del disseny natural de les diferents espècies, de la seua diversitat i la seua complexitat. Les eines agrícoles tradicionals s'oposen a la visió extractivista de l'agricultura. Sgaramella destaca una sèrie de pràctiques agrícoles que no sols protegeixen la biodiversitat en els ecosistemes, sinó que també possibiliten la regeneració dels recursos tan necessaris per a l'ésser humà i la resta d'espècies.

---

26. Traducció pròpia. María Puig de la Bellacasa. "Thinking with Care". En: *Matters of Care. Speculative Ethics in Habite Than Human Worlds*. Minneapolis: University of Minnesota Press, 2017, p. 82-83. El concepte d'alteritat significativa (*significant otherness*), l'ha desenvolupat i popularitzat principalment Donna Haraway. En els seus treballs, especialment en el seu llibre *When Species Meet* (2008), explora les complexes relacions entre humans i no humans. L'autora María Puig de la Bellacasa se fonamenta en aquesta noció per desenvolupar el seu propi concepte de cures entre espècies.

2019, se presenta Aula Ecoarte en residencias artísticas organizadas por el Ayuntamiento de Valencia y el programa "Resistencies artístiques" del Consorci de Museus. El taller incluye juegos visuales con imágenes de ecosistemas, exploración sensorial del huerto, recolección de elementos naturales para esculturas efímeras, y trenzado de mimbre para crear nidos de insectos polinizadores. Entrelaza arte y educación ambiental con el objetivo de remar hacia la construcción de un nuevo paradigma ecológico.

En sus últimos trabajos, **CHIARA SGARAMELLA** (Ceriñola, Apulia, Italia, 1982) ha centrado su investigación en las prácticas agrícolas no industriales. En su estancia en 2021 en el Centro de Investigación de Artes y Ciencias Pianpicollo Selvatico (Alta Langa, Italia), se replantea las posibilidades de coexistencia entre el ser humano y el resto de especies . De este interés surge *Asambleas multiespecies* (2023-2024).

El grabado, a menudo, implica el uso de ácidos corrosivos, tintas que contienen metales pesados, y otros productos químicos que producen gases, sustancias y residuos altamente tóxicos. Desde un punto de vista técnico, Sgaramella realiza las impresiones con tierras, pigmentos y aglutinantes naturales. Se trata de una serie de estampas fruto de una indagación en torno a técnicas gráficas no tóxicas y de bajo impacto. Sobre papel, las imágenes reproducen los elementos vivos e inertes que componen el suelo, como minerales, bacterias, hongos o fragmentos vegetales.

En este proyecto aborda el concepto de suelo, que concibe como un espacio que proporciona alimento, al tiempo que constituye un repositorio histórico. Desde su perspectiva, en el suelo converge el alimento físico e intelectual, ya que de él se extrae la generación de conocimiento, la praxis artística y agrícola respetuosa, así como los procesos naturales. Por último, tal y como dictan las nuevas teorías científicas, el suelo es una "comunidad" de seres vivos interdependiente. A partir de esta base surge la idea de "cuidados", que la artista recoge de la filósofa María Puig de la Bellacasa:

> El amor entre especies aporta nuevas capas a una idea de modos de cuidado más allá de lo humano. El cuidado es necesario en procesos en los que humanos y no humanos se coeducan mutuamente para vivir, trabajar y jugar juntos con el fin de construir una relación de "alteridad significativa".[26]

---

26. Traducción propia. María Puig de la Bellacasa. "Thinking with Care". En: *Matters of Care. Speculative Ethics in More Than Human Worlds*. Minneapolis: University of Minnesota Press, 2017, pp. 82-83. El concepto de alteridad significativa (*significant otherness*) ha sido desarrollado y popularizado principalmente por

Avui dia existeixen sistemes agroforestals inspirats en la permacultura, l'agricultura sinèrgica i regenerativa, l'agroforesteria o l'agricultura sintròpica. Tots aquests enfocaments comparteixen un compromís amb la sostenibilitat, la regeneració dels ecosistemes i la creació de sistemes agrícoles que siguen beneficiosos tant per al medi ambient com per a les comunitats humanes. En aquesta interacció entre agricultura, ciència i art s'aprofundeix en la potencialitat d'una associació pacífica i cooperativa entre espècies, on totes troben avantatges, sense perjudicar-se mútuament. Sgaramella posa l'accent en el concepte de "comensalitat", que admetria la coexistència harmoniosa i la distribució de recursos en els ecosistemes.[27] La col·laboració pot ser fonamental per a l'equilibri i la diversitat biològica. Aquesta relació destaca la interdependència i la mutualitat en la natura i mostra com la vida pot prosperar per mitjà de la contribució i el benefici mutus.

Fes-ho amb altres

Dins de l'art ecologista són freqüents les accions que agrupen artistes, científics i públic per a treballar de manera col·laborativa. Aquest exercici reflecteix la superació de la concepció romàntica de l'artista com a geni solitari, així com també l'abolició de la "quarta paret". Paral·lelament, converteix l'espectador en cocreador i participant actiu en la concepció i execució de les obres, fins i tot en la tasca de recopilació de dades i informació. Aquest procés comporta una desestructuració de l'art en si mateix i facilita la mediació i l'intercanvi de coneixements i idees. D'aquesta manera, l'artista, en compte de ser una figura distant, s'aproxima a compartir i aprofitar els aspectes de la seua intuïció creativa dins d'una comunitat.[28] En definitiva, la posada en pràctica d'exercicis creatius implica la cooperació del públic en la tasca de fomentar el respecte i conservació del medi ambient.

En el projecte *Oryza Collection* (2017), Chiara Sgaramella aporta el mateix tarannà didàctic que Ranieri. En la peça reflecteix el seu procés d'"aprendre a aprendre" per poder donar a conèixer posteriorment a l'espectador el resultat de la seua recerca. Es duu a terme durant en una residència en el programa

27. Web de l'artista: <https://chiarasgaramella.com/intrinsic-mutuality > (7-03-2024).
28. Grant Kester. "Collaborative Practices in Environmental Art". En: Holly Crawford. *Artistic Bedfellows. Histories, Theories, and Conversations in Collaborative Art Practices*. Lanham: University Press of America, 2008, p. 60-63.

La reproducción de las estructuras y formas de los organismos vivos tiene un sentido estético que recae en la puesta en valor del diseño natural de las distintas especies, de su diversidad y su complejidad. Las herramientas agrícolas tradicionales se oponen a la visión extractivista de la agricultura. Sgaramella destaca una serie de prácticas agrícolas que no solo protegen la biodiversidad en los ecosistemas, sino que también posibilitan la regeneración de los recursos tan necesarios para el ser humano y el resto de especies.

Hoy en día existen sistemas agroforestales inspirados en la permacultura, la agricultura sinérgica y regenerativa, la agroforestería o la agricultura sintrópica. Todos estos enfoques comparten un compromiso con la sostenibilidad, la regeneración de los ecosistemas y la creación de sistemas agrícolas que sean beneficiosos tanto para el medio ambiente como para las comunidades humanas. En esta interacción entre agricultura, ciencia y arte, se profundiza en la potencialidad de una asociación pacífica y cooperativa entre especies, donde todas encuentran ventajas, sin perjudicarse mutuamente. Sgaramella hace hincapié en el concepto de "comensalidad", que admitiría la coexistencia armoniosa y la distribución de recursos en los ecosistemas.[27] La colaboración puede ser fundamental para el equilibrio y la diversidad biológica. Esta relación destaca la interdependencia y la mutualidad en la naturaleza, mostrando cómo la vida puede prosperar a través de la contribución y el beneficio mutuos.

Hazlo con otros

Dentro del arte ecologista son frecuentes las acciones que agrupan a artistas, científicos y público para trabajar de forma colaborativa. Este ejercicio refleja la superación de la concepción romántica del artista como genio solitario, así como la abolición de la "cuarta pared". Paralelamente, convierte al espectador en co-creador y participante activo en la concepción y ejecución de las obras, incluso en la tarea de recopilación de datos e información. Este proceso conlleva una desestructuración del arte en sí mismo, facilitando la mediación y el intercambio de conocimientos e ideas. De esta manera, el artista, en lugar de ser una figura distante, se aproxima a compartir y aprovechar

---

Donna Haraway. En sus trabajos, especialmente en su libro *When Species Meet* (2008), explora las complejas relaciones entre humanos y no humanos. La autora María Puig de la Bellacasa se apoya en esta noción para desarrollar su propio concepto de cuidados entre especies.

27. Web de la artista: <https://chiarasgaramella.com/intrinsic-mutuality> (7-III-2024).

"Atlante Energetico" (2016–2017), amb el suport de la Fondazione Spinola Banna i la Galleria Civica d'Arte Moderna e Contemporanea de Torí. La iniciativa s'estén durant nou mesos i focalitza l'atenció en el cultiu de l'arròs, un aliment fonamental per a més de la meitat de la població mundial, del qual destaca la susceptibilitat davant el canvi climàtic.

Per a l'execució, Sgaramella fusiona l'estructura d'una vitrina comunament usada per a guardar o mostrar artefactes en museus o biblioteques amb figures associades a animals. Igualment, s'inspira en la morfologia dels carretons de mà utilitzats en l'àmbit rural. Com la *Boîte en valise* (1935–1941/1961) de Marcel Duchamp, és una estructura portàtil i evolutiva.[29] Conté mapes, llibres, dibuixos, enregistraments sonors i altres documents que il·lustren la influència de l'arròs en la geografia, la cultura i l'ecologia de diverses regions.

Oryza Collection constitueix un treball d'arxiu i, al mateix temps, una reformulació de la idea de col·lecció bibliogràfica en què l'artista defuig el fet classificatori per a abraçar l'experiencial i el divers:

> En el meu pensament, l'escultura funcionaria tant com un conjunt de coneixements basats en el context com també com una eina processual per a disseminar-los. Amb aquest fi, vaig decidir exposar la peça en contextos no institucionals i donar prioritat als llocs on va nàixer el treball.[30]

Sgaramella permet al públic interactuar amb l'obra proporcionant diferents enfocaments sobre el coneixement de l'arròs. Aquesta interacció inclou la possibilitat de tocar, llegir, observar i indagar en la varietat de recursos, que inclouen llibres de cuina tradicional, de geografia, literatura o imatges d'ocells que integren l'ecosistema de l'arrossar. S'emfatitza el rol actiu de l'espectador en la interpretació i el gaudi de l'obra, que es concep com un procés d'aprenentatge compartit, cosa que facilita l'intercanvi de coneixements i experiències sobre aquest aliment i la seua relació amb el medi ambient.

---

29. Chiara Sgaramella. "Oryza Collection. Hybrid Fields of Knowledge between Art and Agriculture". En Christian Alonso. (ed.). *Mutating Ecologies in Contemporary Art.* Barcelona: Universitat de Barcelona, 2019, p. 165.

30. Traducció pròpia: "In my mind, the sculpture would work both as an assemblage of context-based knowledges and as a processual tool to disseminate them. To that end, I chose to exhibit the piece in senar-institutional contexts, giving priority to the settings where the work was born […]". Chiara Sgaramella. "Oryza Collection", p. 165.

los aspectos de su intuición creativa dentro de una comunidad.[28] En definitiva, la puesta en práctica de ejercicios creativos implica la cooperación del público en la tarea de fomentar el respeto y conservación del medioambiente.

En el proyecto **Oryza Collection** (2017), Chiara Sgaramella aporta el mismo talante didáctico que Ranieri. En la pieza refleja su proceso de "aprender a aprender" para poder dar a conocer posteriormente al espectador el resultado de su investigación. Se lleva a cabo durante en una residencia en el programa "Atlante Energetico" (2016-2017), con el respaldo de la Fondazione Spinola Banna y la Galleria Civica d'Arte Moderna e Contemporanea de Turín. La iniciativa se extiende durante nueve meses y focaliza la atención en el cultivo del arroz, un alimento fundamental para más de la mitad de la población mundial, destacando su susceptibilidad ante el cambio climático.

Para la ejecución, Sgaramella fusiona la estructura de una vitrina comúnmente usada para guardar o mostrar artefactos en museos o bibliotecas con figuras asociadas a animales. Igualmente, se inspira en la morfología de los carritos de mano empleados en el ámbito rural. Como la *Boîte en valise* (1935-1941/1961) de Marcel Duchamp, es una estructura portátil y evolutiva.[29] Contiene mapas, libros, dibujos, grabaciones sonoras y otros documentos que ilustran la influencia del arroz en la geografía, cultura y ecología de diversas regiones.

Oryza Collection supone un trabajo de archivo y, al mismo tiempo, una reformulación de la idea de colección bibliográfica en la que la artista rehúye lo clasificatorio para abrazar lo experiencial y lo diverso:

> En mi mente, la escultura funcionaría tanto como un conjunto de conocimientos basados en el contexto y como una herramienta procesual para diseminarlos. Con ese fin, decidí exhibir la pieza en contextos no institucionales, dándole prioridad a los lugares donde nació el trabajo.[30]

---

28. Grant Kester. "Collaborative Practices in Environmental Art". En: Holly Crawford. *Artistic Bedfellows. Histories, Theories, and Conversations in Collaborative Art Practices*. Lanham: University Press of America, 2008, pp. 60-63.

29. Chiara Sgaramella. "Oryza Collection. Hybrid Fields of Knowledge between Art and Agriculture". En Christian Alonso. (ed.). *Mutating Ecologies in Contemporary Art*. Barcelona: Universitat de Barcelona, 2019, p. 165.

30. Traducción propia: *In my mind, the sculpture would work both as an assemblage of context-based knowledges and as a processual tool to disseminate them. To that end, I chose to exhibit the piece in non-institutional contexts, giving priority to the settings where the work was born* […]. Chiara Sgaramella. "Oryza Collection", p. 165.

L'obra es crea en col·laboració amb productors d'arròs d'Espanya i Itàlia, i científics i organitzacions que promouen mètodes de producció més sostenibles. Així mateix, l'artefacte s'elabora juntament amb l'estudi valencià de disseny de mobiliari i objectes de fusta Cadascú, regentat per Ximo Ortega i Clara Luz. Amb aquest, Sgaramella pren just la posició en l'encreuament entre la teoria científica i la pràctica artística, indagant mètodes col·laboratius en l'art contemporani enfocats en l'ecologia. L'objectiu consisteix a incentivar el coneixement, tant local com nòmada, per fomentar un diàleg sobre les tensions entre les demandes humanes i la conservació dels ecosistemes naturals. Es tracta d'un treball en constant desenvolupament, que combina processos d'aprenentatge i cooperació per enfrontar les complexes interaccions en què sorgeix l'eterna tensió entre satisfacció de les necessitats i protecció.[31]

En el seu cèlebre llibre sobre art valencià, Carmen Gracia apunta que, a la regió valenciana del segle XX, especialment en la dècada dels setanta, es produeix una transformació dràstica en l'economia rural que desplaça les activitats cap a les zones urbanes. Aquest canvi es manifesta en el creixement de la població a les ciutats i en la desaparició d'expressions socials i culturals típiques de la vida urbana tradicional. A més, es modifiquen els estils de vida rurals, que només es conserven si resulten econòmicament viables. El mercantilisme entra en conflicte amb les antigues formes de vida basades en l'esforç i la moderació i, ben altrament que aquestes, promou la quantitat, la rapidesa i la uniformitat, sense una cultura distintiva.[32]

La intersecció entre l'agricultura i les pràctiques artístiques ecologistes ha anat guanyant rellevància en les últimes dues o tres dècades. Per a abordar els desafiaments ambientals i socials, els artistes ecologistes se serveixen de la creativitat per a visibilitzar problemes com la pèrdua de biodiversitat, el canvi climàtic, i la sobirania alimentària. El que se pretén és generar consciència i posar en marxa l'acció col·lectiva.

La proposta **Agroversitat** deriva de trobades transdisciplinàries d'aprenentatge relacionades amb l'ús de la terra, l'agroecologia, l'educació ambiental i la transformació ecosocial. Amb l'aval institucional del Consorci de Museus de la Comunitat Valenciana, el col·lectiu artístic Viridian, que Sgaramella

---

31. Per obtenir més informació sobre el projecte, *vid.*: Chiara Sgaramella. "Oryza Collection", p. 159–174.

32. Carmen Gracia Beneyto. *Arte valenciano.* Madrid: Cátedra, 1998, p. 225.

Sgaramella permite al público interactuar con la obra, proporcionando diferentes enfoques sobre el conocimiento del arroz. Esta interacción incluye la posibilidad de tocar, leer, observar e indagar en la variedad de recursos, que incluyen: libros de cocina tradicional, de geografía, literatura o imágenes de aves que integran el ecosistema del arrozal. Se enfatiza el rol activo del espectador en la interpretación y disfrute de la obra, que se concibe como un proceso de aprendizaje compartido, facilitando el intercambio de conocimientos y experiencias sobre este alimento y su relación con el medioambiente.

La obra se crea en colaboración con productores de arroz de España e Italia, y científicos y organizaciones que promueven métodos de producción más sostenibles. Asimismo, el artefacto se realiza junto al estudio valenciano de diseño de mobiliario y objetos de madera Cadascú, regentado por Ximo Ortega y Clara Luz. Con este, Sgaramella se posiciona en el cruce entre la teoría científica y la práctica artística, investigando métodos colaborativos en el arte contemporáneo enfocados en la ecología. La meta reside en incentivar el conocimiento, tanto local como nómada, para fomentar un diálogo sobre las tensiones entre las demandas humanas y la conservación de los ecosistemas naturales. Se trata de un trabajo en constante desarrollo, que combina procesos de aprendizaje y cooperación, para enfrentar las complejas interacciones en las que surge la eterna tensión entre satisfacción de las necesidades y protección.[31]

En su célebre libro sobre arte valenciano, Carmen Gracia apunta que, en la región valenciana del siglo XX, especialmente en la década de los setenta, se produce una transformación drástica en la economía rural, desplazando las actividades hacia las zonas urbanas. Este cambio se manifiesta en el crecimiento de la población en las ciudades y en la desaparición de expresiones sociales y culturales típicas de la vida urbana tradicional. Además, se modifican los estilos de vida rurales, que solo se conservan si resultan económicamente viables. El mercantilismo entra en conflicto con los antiguos modos de vida basados en el esfuerzo y la moderación, promoviendo, en su lugar, la cantidad, la rapidez y la uniformidad, sin una cultura distintiva.[32]

La intersección entre la agricultura y las prácticas artísticas ecologistas ha ido ganando relevancia en las últimas dos o tres décadas. Para abordar

---

31. Para adquirir más información acerca del proyecto, vid: Chiara Sgaramella. "Oryza Collection", pp. 159-174.
32. Carmen Gracia Beneyto. *Arte valenciano*. Madrid: Cátedra, 1998, p. 225.

conforma amb Estela de Frutos, va organitzar tres trobades a Carpesa (València), entre octubre i desembre de 2022. En aquests té lloc el "Laboratori d'art, agroecologia i pedagogies crítiques", en què es duen a terme tota classe d'activitats, a saber: tallers experiencials sobre permacultura, visites guiades per horts urbans, xarrades sobre ecofeminisme i agroecologia, visionament de documentals sobre el medi rural, i tallers de guerrilla gràfica amb tècniques d'estampació ecològiques.

Chiara Sgaramella sosté que la tradició agrícola de l'horta valenciana representa un enfocament vàlid per a facilitar una transició efectiva cap a un nou paradigma ecològic. En primer lloc, perquè implica mantenir xarxes a escala mundial per a compartir coneixements. En segon lloc, pel fet que promou una economia col·laborativa i creativa que situa les relacions locals en el centre de la vida quotidiana.[33]

La proposta posa en relleu la saviesa arrelada a l'horta local, històricament marginada en contraposició a la cultura urbana. Es defensa, d'aquesta manera, la importància de l'entorn rural com un espai vital per a la creativitat i l'estimulació cultural. La iniciativa adopta una perspectiva processual i se centra en el foment d'un diàleg col·lectiu en la construcció i la difusió de sabers. Encara que inicialment l'agricultura i l'art poden semblar mons a part, s'observa que, en termes d'ecologisme, tots dos solen complementar-se. Aquestes preocupacions s'encaren des de l'esfera creativa mitjançant propostes globals que miren d'explorar la viabilitat d'un creixement més pausat, la promoció d'economies i xarxes informals i segures, la revitalització d'espais culturals en zones rurals, l'impuls de la cooperació i el consum local, així com també l'estímul d'una connexió emocional entre les persones i la natura per a restablir, en última instància, el respecte pel medi ambient amb l'auxili de pràctiques conscients i regeneratives.

En l'àmbit de l'art, s'adverteix una creixent tendència cap a l'aplicació del DIWO (Do it with others, "fes-ho amb altres"), que també es manifesta en l'ecologisme. Aquest terme va ser encunyat per la revista *Furtherfield* en 2006, encara que la pràctica es remunta als primers anys de la fundació d'aquesta publicació, entre 1996 i 1997. Va ser creada per a criticar el

---

33. José Luis Albelda; Chiara Sgaramella. "Ecología global, sensibilidades locales. El rol de las humanidades ambientales frente a la crisis ecosocial contemporánea". *ANIAV*, 2017, núm. 1, p. 41

los desafíos ambientales y sociales, los artistas ecologistas se sirven de la creatividad para visibilizar problemas como la pérdida de biodiversidad, el cambio climático, y la soberanía alimentaria. Lo que se pretende es generar conciencia y poner en marcha la acción colectiva.

La propuesta **Agroversitat** deriva de encuentros transdisciplinares de aprendizaje relacionadas con el uso de la tierra, la agroecología, la educación ambiental y la transformación ecosocial. Con el aval institucional del Consorcio de Museos de la Comunitat Valenciana, el colectivo artístico Viridian, que Sgaramella conforma con Estela de Frutos, organizó tres encuentros en Carpesa (Valencia), entre octubre y diciembre de 2022. En estos tiene lugar el "Laboratorio de arte, agroecología y pedagogías críticas", en los que se llevan a cabo toda clase de actividades, a saber: *workshops* experienciales sobre permacultura, visitas guiadas por huertos urbanos, charlas sobre ecofeminismo y agroecología, visionado de documentales sobre el medio rural, y talleres de guerrilla gráfica con técnicas de estampación ecológicas.

Chiara Sgaramella sostiene que la tradición agrícola de la huerta valenciana representa un enfoque válido para facilitar una transición efectiva hacia un nuevo paradigma ecológico. En primer lugar, porque implica mantener redes a nivel mundial para compartir conocimientos. En segundo lugar, debido a que promueve una economía colaborativa y creativa que coloca las relaciones locales en el centro de la vida cotidiana.[33]

La propuesta pone de relieve la sabiduría arraigados en la huerta local, históricamente marginada en contraposición a la cultura urbana. Se defiende, de esta manera, la importancia del entorno rural como un espacio vital para la creatividad y la estimulación cultural. La iniciativa adopta una perspectiva procesual, centrándose en el fomento de un diálogo colectivo en la construcción y difusión de saberes. Aunque inicialmente la agricultura y el arte pueden parecer mundos aparte, se observa que, en términos de ecologismo, ambos suelen complementarse. Estas preocupaciones se encaran desde la esfera creativa mediante propuestas globales que buscan explorar la viabilidad de un crecimiento más pausado, la promoción de economías y redes informales y seguras, la revitalización de espacios culturales en zonas rurales, el impulso de la cooperación y el consumo local, así como el estímulo de una conexión emocional entre las personas y la naturaleza para, en

---

33. José Luis Albelda; Chiara Sgaramella. "Ecología global, sensibilidades locales. El rol de las humanidades ambientales frente a la crisis ecosocial contemporánea". *ANIAV*, 2017, n° 1, p. 41.

domini de l'empori de Saatchi en l'art contemporani del Regne Unit.[34] D'aquest moviment van sorgir diverses maniobres crítiques amb la cultura de l'art i se li associen conceptes com ara: fet a si mateix, independència, llibertat creativa, col·lectivitat, comunitat i cooperativisme.

La poètica de **BEA MILLÓN** (Sagunt, 1992) està estretament alineada amb la tendència DIWO. El seu llenguatge sovint inclou termes com *acostament* o *oferiment*, que suggereixen un compromís enfocat en la presència física, la creació de xarxes humanes i la valoració de la vida comunitària. Aquesta posició la distancia de les institucions i l'aproxima als moviments ciutadans. La seua forma de vida és l'artivisme i l'art encarna aquest espai per a accionar el diàleg amb realitats corporals, materials i ambientals, sempre en col·laboració amb diversos agents, com comunitats rurals, col·lectius ciutadans, tallers comunitaris, i institucions i organitzacions culturals de tota índole.

La llum és un privilegi (2018) és un projecte que duu a terme juntament amb Gloria García, una dona afectada per la pobresa energètica. La veritat és que en la seua persona es veu representada la realitat de milers de ciutadans que viuen en el llindar de la pobresa i amb les necessitats bàsiques no cobertes. A causa de l'impagament, l'elèctrica la sanciona amb una voluminosa multa. Per a l'artivista, la visibilització d'aquest conflicte es desenvolupa en tres vessants:

> D'una banda, la creació d'una peça lluminosa instal·lada i enganxada a Iberdrola al balcó de Gloria, on es llegeix el manifest manuscrit per ella mateixa; una ajuda econòmica procedent del premi de la Biennal de Mislata per a cobrir part de la multa de la coautora (fent que l'Estat mateix pague una multa que ell mateix imposa, però amb un premi com a eina); i una trobada pública sobre pobresa energètica amb assistents socials, membres d'associacions locals i cooperatives d'energia.

En totes les seues accions, el focus d'interès resideix en la relació dels éssers humans amb el seu entorn. La imatge tradicional de la natura en l'art desapareix i, en compte d'aquesta, es destaquen els col·lectius afectats. El territori es converteix en un personatge més, vist des d'una perspectiva cultural. Estableix una dinàmica que suggereix una clara correspondència: els problemes mediambientals estan lligats als models actuals de relacions socials, producció i consum. Amb

---

34. "DIWO (Do-It-With-Others): Origin, Art & Social Context". *Furtherfield*, 28-05-2012. (3-06-2019).

última instancia, restablecer el respeto por el medioambiente con el auxilio de prácticas conscientes y regenerativas.

En el ámbito del arte, se advierte una creciente tendencia hacia la aplicación del DIWO (Do it with others, "hazlo con los demás"), que también se manifiesta en el ecologismo. Este término fue acuñado por la revista *Furtherfield* en 2006, aunque su práctica se remonta a los primeros años de la fundación de esta publicación, entre 1996 y 1997. Fue creada para criticar el dominio del emporio de Saatchi en el arte contemporáneo del Reino Unido.[34] De este movimiento surgieron diversas maniobras críticas hacia la cultura del arte y se le asocian conceptos como: hecho a sí mismo, independencia, libertad creativa, colectividad, comunidad y cooperativismo.

La poética de **BEA MILLÓN** (Sagunto, 1992) está estrechamente alineada con la tendencia DIWO. Su lenguaje frecuentemente incluye términos como *acercamiento* u *ofrecimiento*, sugiriendo un compromiso enfocado en la presencia física, la creación de redes humanas y la valorización de la vida comunitaria. Esta postura la distancia de las instituciones y la aproxima a los movimientos ciudadanos. Su forma de vida es el artivismo y el arte encarna ese espacio para accionar el diálogo con realidades corporales, materiales y ambientales, siempre en colaboración con diversos agentes, como comunidades rurales, colectivos ciudadanos, talleres comunitarios, e instituciones y organizaciones culturales de toda índole.

La luz es un privilegio (2018) es un proyecto que realiza junto a Gloria García, una mujer afectada por la pobreza energética. Lo cierto es que en su persona se ve representada la realidad de miles de ciudadanos que viven en el umbral de la pobreza y cuyas necesidades básicas no están cubiertas. Debido al impago, la eléctrica la sanciona con una cuantiosa multa. Para la artivista, la visibilización de este conflicto se desarrolla a través de tres vertientes:

> Por un lado, la creación de una pieza lumínica instalada y enganchada a Iberdrola en el balcón de Gloria, donde se lee el manifiesto manuscrito por ella misma; una ayuda económica procedente del premio de la Bienal de Mislata para cubrir parte de la multa de la coautora (haciendo que el propio Estado pague una multa que él mismo impone, pero con un premio como herramienta); y un encuentro público sobre pobreza energética con asistentes sociales, miembros de asociaciones locales y cooperativas de energía.

---

34. "DIWO (Do-It-With-Others): Origin, Art & Social Context". *Furtherfield,* 28-V-2012. (3-VI-2019).

una operació semblant pretén revertir simbòlicament una situació d'injustícia ambiental. Aquest reclam serà recurrent en la seua narrativa (igual que en altres ací analitzades), juntament amb un èmfasi en la necessitat de renovació del model cultural, procés essencial per a desencadenar l'acció política, amb confiança en els moviments socials i les xarxes comunitàries d'escala local i global.

En la seua tesi doctoral, Millón se centra en les pràctiques artístiques com a eines d'acompanyament per a l'activisme ecològic. Així mateix, s'ha acostat a la idea de contemplació de la natura com un acte subversiu des d'un punt de vista polític. Entén que la seua aproximació a la crisi ecològica té a veure amb una relació d'afecte en què un paisatge ferit li dona acolliment.

Durant anys ha reflexionat sobre la mar, una acumulació d'aigua que es veu des de les vores, però que conté un món simbòlic de doble tall positiu i negatiu. **Jo, milotxa** (2024) i **Hi ha tantes ones com cossos a la mar** (2024) són el resultat d'un projecte sobre la Mediterrània, uns confins que alberguen múltiples possibilitats, camp d'afecte i, al mateix temps, un mur de contenció, un lloc de mort i de lluita interna i territorial:

> Fa deu anys vaig migrar a Mèxic. Vaig abandonar la possibilitat de veure l'horitzó tots els dies en la mar i una infinitat de relacions amb la meua llengua, persones, paisatges, aliments... Afortunadament, quasi tots els anys he pogut tornar. En aquests retorns vaig començar a fer una sèrie d'accions a la Mediterrània. Quan em trobe dins la seua aigua soc la que se'n va anar i la que es troba. Així mateix, em trobe tremendament en conflicte banyant-me en l'aigua on tants cossos negres tracten, han tractat i tractaran d'arribar a la costa. Habite un conflicte de tremend afecte i dolor, com tants habitants de les seues ribes.[35]

Les obres són el resultat d'un projecte més ampli que Millón executa a l'empara del programa de producció artística Cultura Resident (2024), a càrrec del Consorci de Museus de la Comunitat Valenciana, en col·laboració amb el Museu de la Mar de Santa Pola (Baix Vinalopó).[36] Entre altres activitats, l'artista ofereix classes d'espanyol i suport en la regularització dels papers a un grup d'immigrants recentment arribats. A canvi, ells l'"obsequien" amb la

---

35. Bea Millón. "A 9327 km de ma casa". En: Convocatòria de producció artística Cultura Resident. Disponible en: <https://www.consorcimuseus.gva.es/cultura_resident/bea-y-hector-millon-a-9327km-de-ma-casa/?lang=es> (23-04-2024).
36. Col·laboren en aquest projecte Nathalie Gidrón i MillorART.

En todas sus acciones, el foco de interés reside en la relación de los seres humanos con su entorno. La imagen tradicional de la naturaleza en el arte desaparece, destacando en su lugar los colectivos afectados. El territorio se convierte en un personaje más, visto desde una perspectiva cultural. Establece una dinámica que sugiere una clara correspondencia: los problemas medioambientales están ligados a los modelos actuales de relaciones sociales, producción y consumo. Con semejante operación pretende revertir simbólicamente una situación de injusticia ambiental. Este reclamo será recurrente en su narrativa (al igual que en otras aquí analizadas), junto a un énfasis en la necesidad de renovación del modelo cultural, proceso esencial para desencadenar la acción política, confiando en los movimientos sociales y las redes comunitarias a nivel local y global.

En su tesis doctoral, Millón se centra en las prácticas artísticas como herramientas de acompañamiento para el activismo ecológico. Asimismo, se ha acercado a la idea de contemplación de la naturaleza como un acto subversivo desde un punto de vista político. Entiende que su aproximación a la crisis ecológica tiene que ver con una relación de afecto en la que un paisaje herido le da acogida.

Durante años ha reflexionado en torno al mar, una acumulación de agua que se ve desde la orilla, pero que encierra un mundo simbólico de filo positivo y negativo. ***Yo, cometa*** (2024) y ***Hay tantas olas como cuerpos en el mar***, (2024) son el resultado de un proyecto sobre el Mediterráneo, un confín que alberga múltiples posibilidades, campo de afecto y, al mismo tiempo, un muro de contención, un lugar de muerte y de lucha interna y territorial:

> Hace 10 años migré a México. Dejé atrás la posibilidad de ver el horizonte todos los días en el mar y una infinidad de relaciones con mi lengua, personas, paisajes, alimentos… Afortunadamente casi todos los años he podido volver. En estos retornos empecé a realizar una serie de acciones en el Mediterráneo. Cuando me encuentro en sus aguas soy la que se fue y la que se encuentra. Así mismo, me encuentro tremendamente conflictuada al bañarme en las aguas donde tantos cuerpos negros tratan, trataron y tratarán de llegar a la costa. Habito un conflicto de tremendo afecto y dolor, como tantos habitantes de sus orillas.[35]

---

35. Bea Millón. "A 9327/ km de ma casa". En: Convocatoria de producción artística Cultura Resident. Disponible en: <https://www.consorcimuseus.gva.es/cultura_resident/bea-y-hector-millon-a-9327km-de-ma-casa/?lang=es> (23-IV-2024).

seua història de vida. Amb aquest grup fa un taller de milotxes senegaleses en l'Espai Àfrica del festival Alacant Desperta. Així mateix, com a part de la campanya #regularizacionya, format per "col·lectives migrants i antiracistes autoorganitzades", desplega una trobada en què es testimonia el vol d'una avioneta que contracta la mateixa artista, amb el missatge "Hi ha tantes ones com cossos a la mar".

La qüestió de la immigració afegeix una altra capa a aquesta intersecció entre art i ecologia. La regió de la Mediterrània, incloent-hi Espanya, enfronta desafiaments significatius a causa del canvi climàtic, com és el cas de la desertificació, la pujada del nivell de la mar i esdeveniments climàtics extrems, que afavoreixen la migració ambiental. A escala mundial, s'estima que el canvi climàtic podria obligar fins a 216 milions de persones a desplaçar-se dins dels seus països per a 2050, si no es prenen mesures urgents.[37] Les persones que es veuen forçades a abandonar casa a causa de desastres naturals, la degradació ambiental o el canvi climàtic encarnen una realitat cada vegada més comuna en el segle XXI. L'art, una vegada més, pot captar i comunicar les experiències d'aquest col·lectiu humanitzant les estadístiques i les polítiques amb rostres i històries concretes. Els moviments migratoris, impulsats per la cerca de millors condicions de vida, també revelen la profunda injustícia ambiental existent: aquells menys responsables del mal ambiental en són sovint els més afectats.

Històricament, les comunitats marginades i de baixos ingressos han suportat desproporcionadament els impactes negatius de la degradació ambiental, des de l'exposició a contaminants tòxics fins a la vulnerabilitat als desastres naturals exacerbats pel canvi climàtic. Ací és on l'art i la justícia ambiental es troben: les històries d'aquestes comunitats es poden contar amb creacions que donen veu als qui, sovint, són ignorats en les polítiques i els discursos dominants.

Les dues peces anteriors poden considerar-se la part pública que procedeix d'aquest impuls de connexió amb la mar per part de l'artista. Hi ha una altra secció més personal que es troba en ***251 litres de mar*** (2024) i ***Autoretrat*** (2024). Respecte a la primera peça, durant els nou anys que Millón ha estat cama ací, cama allà entre Mèxic i Espanya, ha dut a terme una

---

37. Informació obtinguda en el portal desenvolupat pel IOM's Global Migration Data Analysis Centre (GMDAC). *Vid.*: <https://www.migrationdataportal.org/resource/key-global-migration-figures> (23-05-2024).

Las obras son el resultado de un proyecto más amplio que Millón ejecuta bajo el amparo del programa de producción artística "Cultura Resident" (2024), a cargo del Consorcio de Museos de la Comunitat Valenciana, en colaboración con el Museo del Mar de Santa Pola, Alicante.[36] Entre otras actividades, la artista ofrece clases de español y apoyo en la regularización de los papeles a un grupo de inmigrantes recién llegados. A cambio, ellos le "obsequian" su historia de vida. Con este grupo realiza un taller de cometas senegalesas en el Espacio África del festival de "Alacant Desperta". Asimismo, como parte de la campaña #regularizacionya, formado por "colectivas migrantes y antirracistas autoorganizadas", despliega un encuentro en el que se atestigua el vuelo de una avioneta que la propia artista contrata, con el mensaje "Hay tantas olas como cuerpos en el mar".

La cuestión de la inmigración añade otra capa a esta intersección entre arte y ecología. La región del Mediterráneo, incluida España, enfrenta desafíos significativos debido al cambio climático, como es el caso de la desertificación, la subida del nivel del mar y eventos climáticos extremos, que favorecen la migración ambiental. A nivel mundial, se estima que el cambio climático podría obligar a hasta 216 millones de personas a desplazarse dentro de sus países para 2050, si no se toman medidas urgentes.[37] Las personas que se ven forzadas a abandonar sus hogares debido a desastres naturales, la degradación ambiental o el cambio climático encarnan una realidad cada vez más común en el siglo XXI. El arte, una vez más, puede captar y comunicar las experiencias de este colectivo, humanizando las estadísticas y las políticas con rostros e historias concretas. Los movimientos migratorios, impulsados por la búsqueda de mejores condiciones de vida, también revelan la profunda injusticia ambiental existente: aquellos menos responsables del daño ambiental son frecuentemente los más afectados.

Históricamente, las comunidades marginadas y de bajos ingresos han soportado desproporcionadamente los impactos negativos de la degradación ambiental, desde la exposición a contaminantes tóxicos, hasta la vulnerabilidad a los desastres naturales exacerbados por el cambio climático. Aquí es donde el arte y la justicia ambiental se encuentran: las historias de estas comunidades pueden ser contadas a través

---

36. Colaboran en este proyecto Nathalie Gidrón y MillorART.
37. Información obtenida en el portal desarrollado por el IOM's Global Migration Data Analysis Centre (GMDAC). *Vid*.: <https://www.migrationdataportal.org/resource/key-global-migration-figures> (23-V-2024).

senzilla acció que consisteix a recollir i assecar aigua de la mar Mediterrània. D'aquesta manera, ha reunit més de 251 litres d'aigua de mar, que conformen un cub de diversos quilograms de material marí que es resumeixen en sal, microalgues, microplàstics i l'essència d'aquells que van morir intentant arribar a la costa. Integrar físicament les cicatrius de l'entorn en les seues creacions mitjançant un procés de presència i acció constant és una estratègia típica de Millón. Acciona la compassió i l'admiració del públic, que és conduït cap a deliberacions sobre com de crucialment i inexorablement personal és la crisi mediambiental.

La finalitat última és la gestació de xarxes personals sòlides i indestructibles. Subjacents a aquestes relacions es troben els cossos que les sustenten. "Sempre hi ha una matèria que troba un cos darrere de tot el que faig", assegura. Des d'una perspectiva biopolítica i postcolonial, la seua corporalitat s'erigeix com l'encarnació d'una complexa intersecció d'identitats. Com a dona d'ascendència blanca i europea pertanyent a la classe mitjana, assumeix que la seua existència es troba ungida d'una sèrie de privilegis arrelats en estructures històriques. Tot i això, aquesta narrativa identitària no es limita a una mera enumeració d'atributs; al contrari, es manifesta com un testimoniatge de la consciència aguda amb la qual ella es relaciona amb altres subjectes explorant els llaços entre la seua pròpia història, identitat i les dinàmiques sociopolítiques que l'envolten.

Autoretrat (2024) reuneix diversos elements que podrien considerar-se relíquies del simple acte de passejar i contemplar. Visualment, és un alt relleu que remet a la forma d'una canoa, elaborat amb diversos objectes de rellevància personal. S'estructura entorn d'una fulla de palma recollida a les vores de l'Atlàntic i a la trena de l'artista mateixa, que, juntament amb el cabell de la seua àvia, s'han cristal·litzat amb la sal de la Mediterrània. La trena recorda l'espiga, element comú en els camps que van treballar els seus avis a Extremadura. Ací Millón manifesta la seua condició de nepantlera que, des de la visió de Gloria Anzaldúa, és aquella dona que es troba entre fronteres, "el lloc d'entremig":

> Nepantla és una espècie d'elaboració de les terres fronteres. Utilitze Nepantla per a parlar sobre l'acte creatiu, l'use per a parlar sobre la construcció de la identitat, l'use per a descriure una funció del pensament. Terres Fronteres en minúscula són les vertaderes terres fronteres del sud-oest o qualsevol terra fronterera entre dues cultures, però quan use

de creaciones que dan voz a quienes, a menudo, son ignorados en las políticas y discursos dominantes.

Las dos piezas anteriores pueden considerarse la parte pública que procede de ese impulso de conexión con el mar por parte de la artista. Hay otra sección más personal que se halla en **251 litros de mar** (2024) y **Autorretrato** (2024). Respecto a la primera pieza, durante los nueve años que Millón ha estado a caballo entre México y España, ha llevado a cabo una sencilla acción que consiste en recolectar y secar agua del mar Mediterráneo. De esta manera, ha reunido más de 251 litros de agua de mar, conformando un cubo de varios kilogramos de material marino que se resumen en: sal, microalgas, microplásticos y la esencia de aquellos que murieron intentando alcanzar la costa. Integrar físicamente las cicatrices del entorno en sus creaciones, mediante un proceso de presencia y acción constante es una estrategia típica de Millón. Acciona la compasión y la admiración del público, que es conducido hacia deliberaciones sobre lo crucial e inexorablemente personal que es la crisis medioambiental.

La finalidad última es la gestación de redes personales sólidas e inquebrantables. Subyacentes a estas relaciones, se encuentran los cuerpos que las sustentan. "Siempre hay una materia que halla un cuerpo detrás de todo lo que hago", asegura. Desde una perspectiva biopolítica y poscolonial, su corporalidad se erige como la encarnación de una compleja intersección de identidades. En tanto que mujer de ascendencia blanca y europea, perteneciente a la clase media, asume que su existencia se encuentra ungida de una serie de privilegios arraigados en estructuras históricas. No obstante, esta narrativa identitaria no se limita a una mera enumeración de atributos; al contrario, se manifiesta como un testimonio de la conciencia aguda con la que ella se relaciona con otros sujetos, explorando los lazos entre su propia historia, identidad y las dinámicas sociopolíticas que la rodean.

Autorretrato (2024) reúne diversos elementos que podrían considerarse reliquias del simple acto de pasear y contemplar. Visualmente es un altorrelieve que remite a la forma de una canoa, efectuado con diversos objetos de relevancia personal. Se estructura en torno a una hoja de palma recogida en la orilla del Atlántico y a la trenza de la propia artista que junto al cabello de su abuela, se han cristalizado con sal del Mediterráneo. La trenza recuerda a la espiga, elemento común en los campos que trabajaron sus abuelos en Extremadura. Aquí, Millón manifiesta su condición de nepantlera que, desde la visión de Gloria Anzaldúa, es aquella mujer que se encuentra entre fronteras, "el lugar entremedios":

majúscula és una metàfora per a processos de moltes coses: psicològiques, físiques, mentals.[38]

El tancament de la trena el compon una pedra de tezontle, una pedra volcànica que es troba comunament a Mèxic, recollida al carrer on radica el seu habitatge a la capital. Tota la peça està subjectada per un meteorit convertit en clau, trobat al desert de Zacatecas, regal del seu company activista mexicà, Roberto de la Rosa. Millón ja fa temps que reflexiona sobre la mineralització de la vida de les persones de l'altra vora de l'oceà. Denúncia una forma deshumanitzada de domini del territori per part d'un extractivisme miner destarifat. D'aquesta manera, la materialitat de la mar, de la terra i els seus volcans, així com també del seu propi cos queden ressignificats per a adquirir nous valors i donar origen a objectes amb memòria personal i col·lectiva, en un procés quasi ritual d'estetització conscient.

Cocreant un futur sostenible

El rol de l'art s'ha posat en qüestió. El descontentament s'ha arribat a manifestar en els actes vandàlics contra obres d'art icòniques, en un intent de posar en relleu la incongruència entre l'afany per protegir el patrimoni cultural en detriment del natural. Des d'aquesta instància continuem creient que la sensibilitat estètica pot ser un camí que guie les nostres accions per a reconnectar amb la natura. Estem convençuts que poetitzar el món pot facilitar la superació dels desafiaments ambientals del nostre present i futur.

Des de fa un parell de dècades està gestant-se una nova epistemologia fonamentada en les necessitats humanes, de les espècies i de tots els elements que conformen l'ecosistema terrestre. En l'exercici de comissariat proposem maniobres artístiques per contribuir a aquest procés de canvi de paradigma. Emprenem aquesta tasca per atendre les problemàtiques globals relacionades amb els reptes contemporanis, palpables en l'entorn i que ens afecten en el nostre habitar. Es tracta de despertar la consciència ecològica que alarma sobre la fragilitat del patrimoni natural i sobre la necessitat d'estils de vida alternatius per aconseguir una sostenibilitat genuïna.

Aquests treballs transformen l'ontologia de l'art en l'era postmitjana convertint accions quotidianes i recerques en objectes estètics i ètics. La

---

38. Ana Louise Keating (ed.). *Gloria Anzaldúa. Interviews. Entrevistas.* Nova York: Routledge, 2000, p. 176.

Nepantla es una especie de elaboración de las tierras fronterizas. Utilizo Nepantla para hablar sobre el acto creativo, lo uso para hablar sobre la construcción de la identidad, lo uso para describir una función de la mente. Tierras Fronterizas en minúscula son las verdaderas tierras fronterizas del suroeste o cualquier tierra fronteriza entre dos culturas, pero cuando uso mayúscula es una metáfora para procesos de muchas cosas: psicológicas, físicas, mentales.[38]

El cierre de la trenza lo compone una piedra de tezontle, una piedra volcánica que se encuentra de forma común en México, recogida en la calle en la que se encuentra su vivienda en la capital. Toda la pieza está sujeta por un meteorito convertido en clavo, hallado en el desierto zacatecano, regalo de su compañero activista mexicano, Roberto de la Rosa. Millón lleva tiempo reflexionando en torno a la mineralización de la vida de las personas del otro lado del charco. Denuncia una forma deshumanizada de dominio del territorio por parte de un extractivismo minero desaforado. De esta manera, la materialidad del mar, de la tierra y sus volcanes, así como de su propio cuerpo quedan resignificados para adquirir nuevos valores y dar origen a objetos con memoria personal y colectiva, en un proceso casi ritual de estetización consciente.

Co-creando un futuro sostenible

El rol del arte se ha puesto en cuestión. El descontento se ha llegado a manifestar en los actos vandálicos hacia obras de arte icónicas, en un intento de poner de relieve la incongruencia entre el afán por proteger el patrimonio cultural, en detrimento del natural. Desde esta instancia seguimos creyendo que la sensibilidad estética puede ser un camino que guíe nuestras acciones para reconectar con la naturaleza. Estamos convencidos de que poetizar el mundo puede facilitar la superación de los desafíos ambientales de nuestro presente y futuro.

Desde hace un par de décadas se está gestando una nueva epistemología fundamentada en las necesidades humanas, de las especies y de todos los elementos que conforman el ecosistema terrestre. En el ejercicio de comisariado proponemos maniobras artísticas para contribuir a este proceso de cambio de paradigma. Emprendemos dicha tarea para atender a las problemáticas globales relacionadas con los retos contemporáneos, palpables en el entorno y que nos afectan en nuestro habitar. Se trata de despertar la

---

38. Ana Louise Keating (ed.). *Gloria Anzaldúa. Interviews. Entrevistas*. Nueva York: Routledge, 2000, p. 176.

combinació de mitjans dona lloc a una constant experimentació en la cerca de respostes a la crisi ecològica. Aquesta metodologia, arrelada en la postdisciplinarietat, combina diferents formes d'expressió que integren tant mitjans ancestrals com productes de les noves tecnologies. En el rebuig a la hiperespecialització queda ampliada la funció de l'artista, que abasta facetes científiques, intel·lectuals i creatives.

L'exposició *Contra-Petjades* es configura com un acte de resistència i reflexió. Ens pronunciem contra la colonització de l'art de la superficialitat, l'individualisme, l'ecoimpostura i el consumisme buit, i proposem, en compte de tot plegat, un retorn al cos, a l'ofici i, sobretot, a la natura, a través de l'art ecologista. És determinant l'acceptació i la incorporació d'aquestes retòriques en els circuits institucionals i de l'art tradicional, ja que, fins ara, aquest tipus de pràctiques només aconsegueixen subsistir amb el suport institucional. En aquest sentit, la mostra també mira de destacar la importància de les entitats culturals en la promoció, la difusió i la divulgació de maniobres artístiques compromeses amb l'equilibri ecològic i la justícia social.

L'obertura cap a una epistemologia col·laborativa i transversal intenta contrarestar la segmentació del coneixement i promoure una pedagogia accessible a un públic divers. L'art ecologista ambiciona aproximar la pràctica creativa al públic reduint obstacles i fomentant la participació activa. Per poder concretar els propòsits reparatius, convidem a reconsiderar la responsabilitat col·lectiva i la interdependència global com a fonaments des dels quals es pot reconèixer tant la vulnerabilitat com la resiliència de la humanitat i la natura. És el nostre desafiament imaginar i cocrear un futur que inspire l'acció ecològica i garantisca la justícia ambiental com un dret inherent i no pas com una necessitat desesperada.

conciencia ecológica que alarma sobre la fragilidad del patrimonio natural y sobre la necesidad de estilos de vida alternativos para lograr una sostenibilidad genuina.

Estos trabajos transforman la ontología del arte en la era posmedia, convirtiendo acciones cotidianas e investigaciones en objetos estéticos y éticos. La combinación de medios da lugar a una constante experimentación en la búsqueda de respuestas a la crisis ecológica. Esta metodología, arraigada en la posdisciplinariedad, combina diferentes modos de expresión que integran tanto medios ancestrales como productos de las nuevas tecnologías. En el rechazo a la hiperespecialización, queda ampliada la función del artista, que abarca facetas científicas, intelectuales y creativas.

La exposición "Contra-Huellas" se configura como un acto de resistencia y reflexión. Nos posicionamos contra la colonización del arte de la superficialidad, el individualismo, la ecoimpostura y el consumismo vano, proponiendo, en su lugar, un retorno al cuerpo, al oficio y, sobre todo, a la naturaleza, a través del arte ecologista. Es determinante la aceptación e incorporación de estas retóricas en los circuitos institucionales y del arte tradicional, ya que, hasta el momento, este tipo de prácticas solo logran subsistir con el apoyo institucional. En este sentido, la muestra también busca destacar la importancia de las entidades culturales en la promoción, difusión y divulgación de maniobras artísticas comprometidas con el equilibrio ecológico y la justicia social.

La apertura hacia una epistemología colaborativa y transversal busca contrarrestar la segmentación del conocimiento y promover una pedagogía accesible a un público diverso. El arte ecologista ambiciona aproximar la práctica creativa al público, reduciendo obstáculos y fomentando la participación activa. Para poder concretar los propósitos reparativos, invitamos a reconsiderar la responsabilidad colectiva y la interdependencia global como cimientos desde los que reconocer tanto la vulnerabilidad como la resiliencia de la humanidad y la naturaleza. Es nuestro desafío el imaginar y co-crear un futuro que inspire la acción ecológica y garantice la justicia ambiental como un derecho inherente y no una necesidad desesperada.

MARÍA EUGENIA ROJO MAS és llicenciada en Traducció i llicenciada en Història de l'Art. Així mateix, disposa d'un màster en Història de l'Art i Cultura Visual. En 2014 obté la beca d'investigació FPU amb la qual fa una estada de recerca en la Universitat Nacional Autònoma de Mèxic i la Universitat de Màlaga. Imparteix docència en la Universitat de València per a la Nau Gran en Obert i en el Grau en Història de l'Art. En 2017 coordina el Projecte Educatiu Interinstitucional "The Sky Over Nine Columns", entorn de l'obra de Heinz Mack, organitzat pel Museu de les Ciències Príncep Felip de València. Aqueix mateix any es forma en la Digital Art History Summer School, organitzada per la Universitat de Màlaga i la Universitat de Berkeley. Finalment, adquireix el doctorat *cum laude* en 2021 amb la defensa de la tesi doctoral *Arte y ecología en el contexto valenciano actual*.

S'ha dedicat a la recerca en el camp de l'art, el gènere, l'ecologia i la cultura visual contemporània. Entre les seues publicacions destaquen: "Creaciones valencianas y ecología: el espacio de arte medioambiental Biodivers Carrícola" (revista *Opción*, 2015); "Mujer, arte y ecología: figuraciones contemporáneas en el ámbito valenciano" (*De-construyendo identidades*, 2016); "Los estudios de género: El reto de su implantación en los estudios superiores de Historia del Arte" (*Aula virtual: contenidos y elementos*, 2016); "Experiencia docente interinstitucional: ciencia y arte al servicio del aprendizaje" (*CUICIID*, 2017); "Oportunidades para la educación en el desarrollo sostenible: arte y ecología en la región valenciana" (*Retos de la educación ante la Agenda 2030*, 2020).

MARÍA EUGENIA ROJO MAS es licenciada en Traducción y licenciada en Historia del Arte. Asimismo, cuenta con un máster en Historia del Arte y Cultura Visual. En 2014 obtiene la beca de investigación FPU con la que realiza una estancia de investigación en la Universidad Nacional Autónoma de México y la Universidad de Málaga. Imparte docencia en la Universitat de València para la Nau Gran en Obert y en el Grado en Historia del Arte. En 2017 coordina el Proyecto Educativo Interinstitucional "The Sky Over Nine Columns", en torno a la obra de Heinz Mack, organizado por el Museo de las Ciencias Príncipe Felipe de Valencia. Ese mismo año se forma en la Digital Art History Summer School, organizado por la Universidad de Málaga y la Universidad de Berkeley. Finalmente, adquiere su doctorado *cum laude* en 2021 con la defensa de la tesis doctoral *Arte y ecología en el contexto valenciano actual*.

Se ha dedicado a la investigación en el campo del arte, el género, la ecología y la cultura visual contemporánea. Entre sus publicaciones destacan: "Creaciones valencianas y ecología: el espacio de arte medioambiental Biodivers Carrícola" (revista *Opción*, 2015); "Mujer, arte y ecología: figuraciones contemporáneas en el ámbito valenciano" (*De-construyendo identidades*, 2016); "Los estudios de género: El reto de su implantación en los estudios superiores de Historia del Arte" (*Aula virtual: contenidos y elementos*, 2016); "Experiencia docente interinstitucional: ciencia y arte al servicio del aprendizaje" (*CUICIID*, 2017); "Oportunidades para la educación en el desarrollo sostenible: arte y ecología en la región valenciana" (*Retos de la educación ante la Agenda 2030*, 2020).

CATÀLEG

CATÁLOGO

Graham Bell Tornado
Miriam Martínez Guirao
Bea Millón
Marco Ranieri
Chiara Sgaramella

"Soc un artista transgènere. La meua pràctica és artística, és experimental i eclèctica. Combine *performance*, vídeo, música, art gràfic i fotografia. A través d'aquestes disciplines trace paral·lelismes entre l'organització biològica i política. Ho faig des d'un enfocament de polítiques queer i feministes, processos col·laboratius i una posició que combina l'estètica *punk*, barroca i altres elements contemporanis.

He col·laborat amb figures destacades de l'art ecologista, com Annie Sprinkle i Beth Stephens. He produït peces que s'exhibeixen en festivals de cinema feministes i LGTBQ en l'ámbit internacional. Des de 2009 organitze exposicions, tallers i conferències amb L'Erreria (House of Bent), un col·lectiu i espai d'art ecotransfeminista *queer*.

Soy un artista transgénero. Mi práctica es artística, es experimental y ecléctica. Combino *performance*, video, música, arte gráfico y fotografía. A través de estas disciplinas trazo paralelismos entre la organización biológica y política. Lo hago desde un enfoque de políticas *queer* y feministas, procesos colaborativos y una posición que combina la estética *punk*, barroca y otros elementos contemporáneos.

He colaborado con figuras destacadas del arte ecologista, como Annie Sprinkle y Beth Stephens. He producido piezas que se exhiben en festivales de cine feministas y LGTBQ a nivel internacional. Desde 2009, organizo exposiciones, talleres y conferencias con La Erreria (House of Bent), un colectivo y espacio de arte ecotransfeminista *queer*."

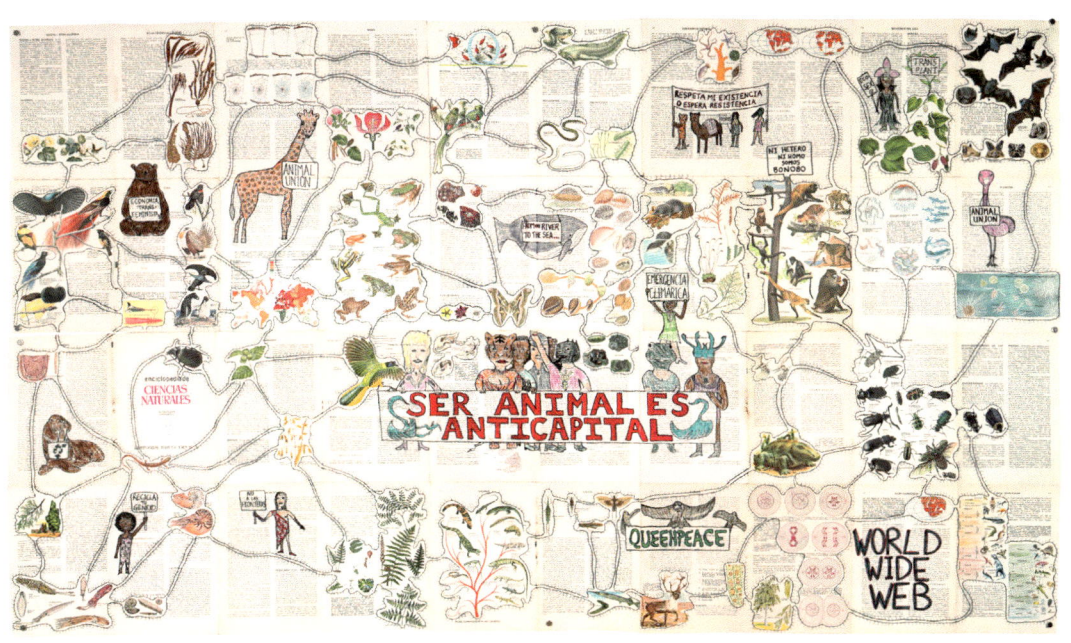

GRAHAM BELL TORNADO

Reciclopèdia vol. XIX: World Wide Web, 2024
Obra gràfica (paper amb tinta muntat sobre cartó).

Reciclopedia vol. XIX: World Wide Web, 2024
Obra gráfica (papel con tinta montado sobre cartón).

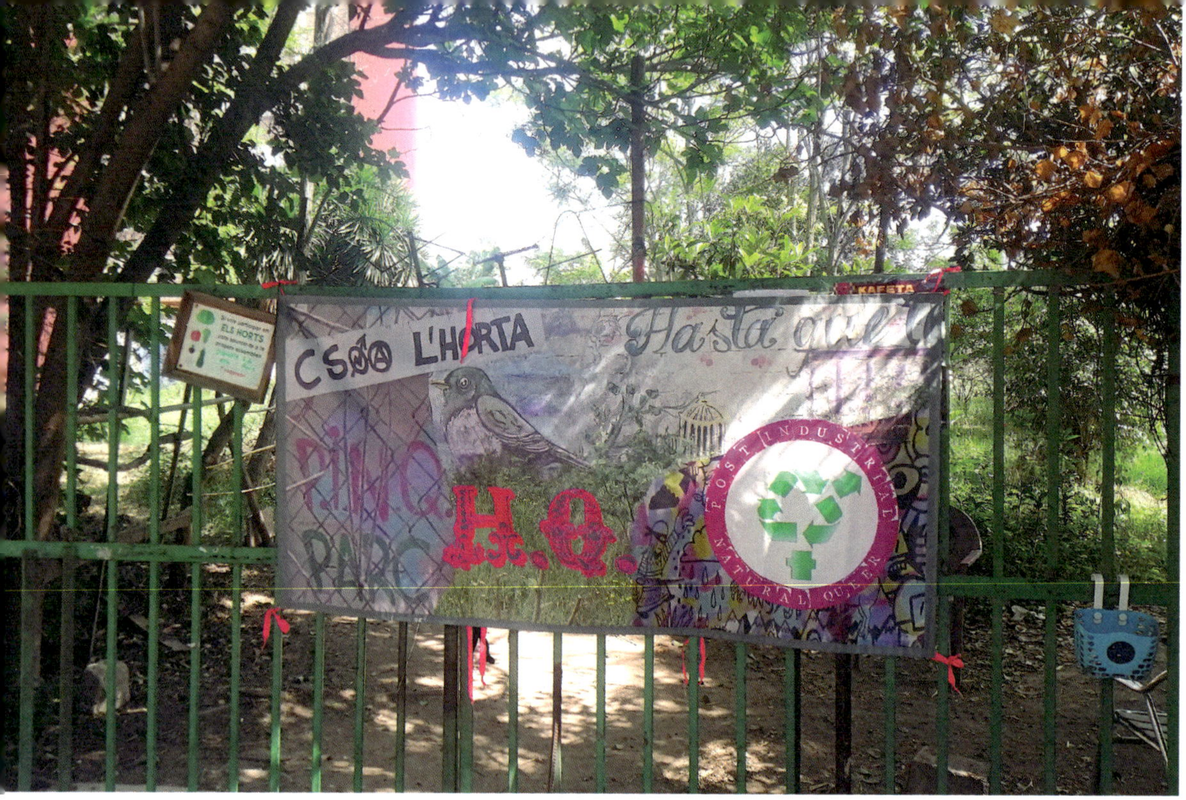

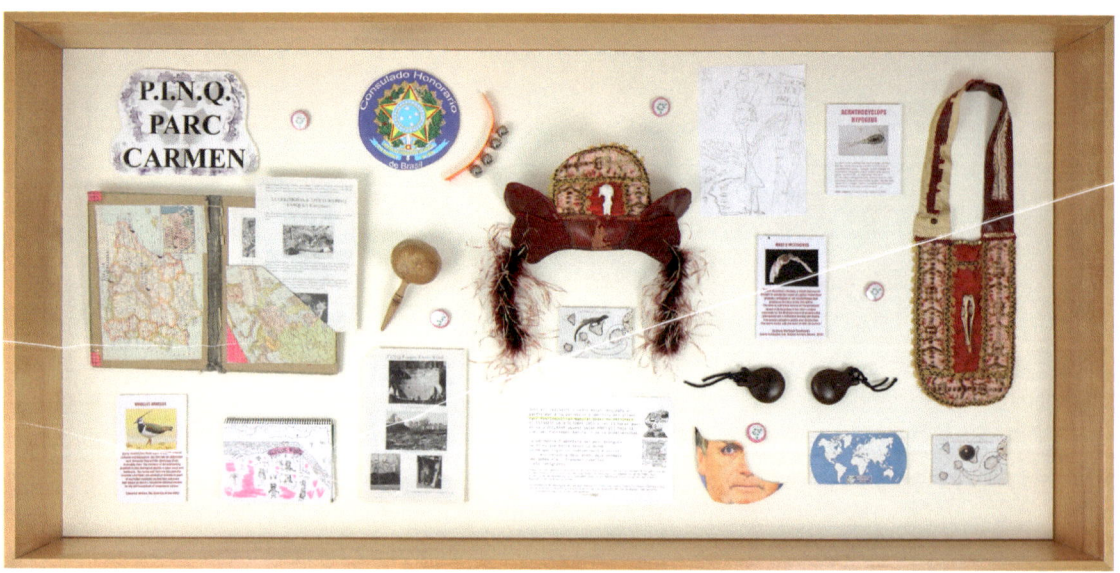

GRAHAM BELL TORNADO i La Erreria (House of Bent)

PINQ Park Project (Projecte Parc Post Industrial Natural Queer), 2013–
Instal·lació de diversos objectes.

PINQ Park Project (Proyecto Parque Post Industrial Natural Queer), 2013–
Instalación de diversos objetos.

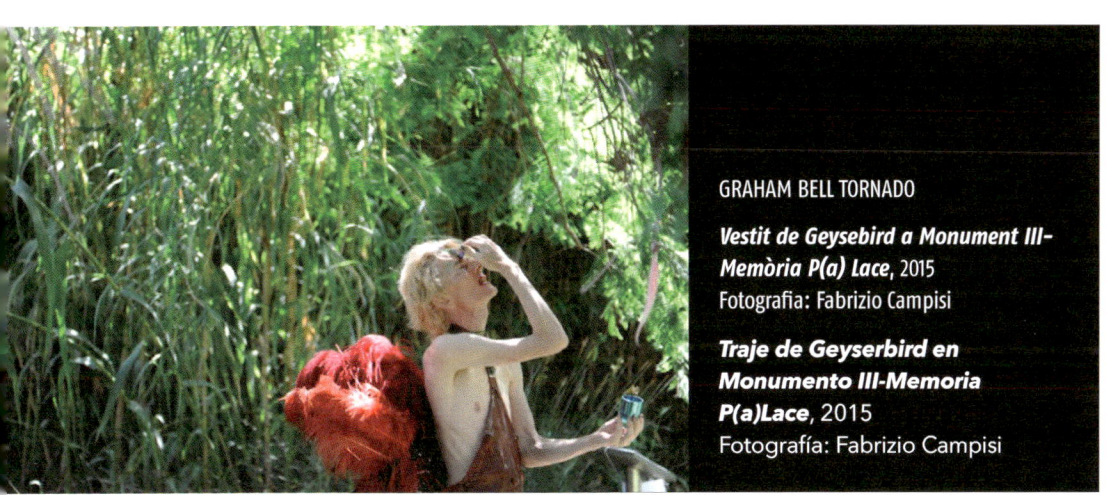

GRAHAM BELL TORNADO

Vestit de Geysebird a Monument III–Memòria P(a) Lace, 2015
Fotografia: Fabrizio Campisi

Traje de Geyserbird en Monumento III-Memoria P(a)Lace, 2015
Fotografía: Fabrizio Campisi

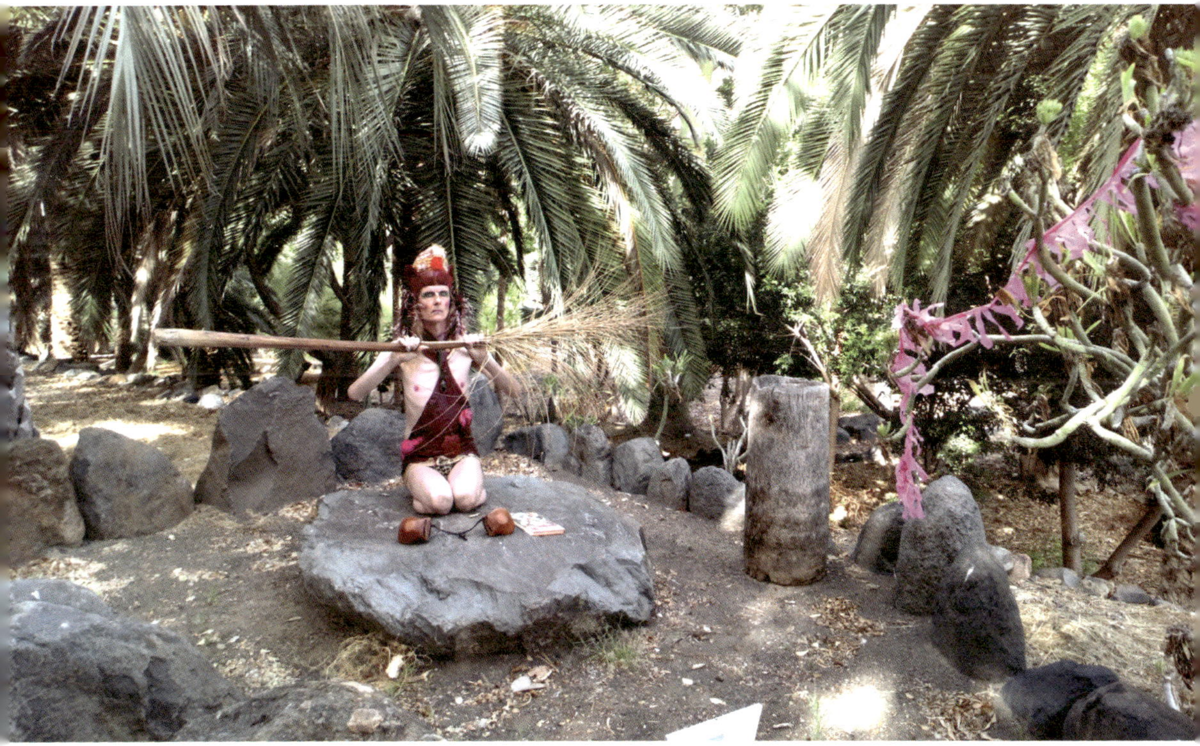

MIRIAM MARTÍNEZ GUIRAO

"Assumisc la pràctica artística des de la indagació de la vegetació hostil, marginada, ignorada, que naix a les nostres ciutats, com a cant a la vida o com a subtil amenaça. Amenaça que envaeix o ha sigut envaïda, autòctones o al·lòctones, absència de la nostra pròpia naturalesa, nostàlgia o artificialitat que cobreix les nostres mancances. Vessants generadors de la inclinació emocional cap a aqueixa naturalesa perduda.

Totes aquestes influències han anat germinant en el meu treball a través de la pintura, la instal·lació, l'escultura i els projectes d'investigació en col·laboració amb altres disciplines, com la psicologia ambiental, l'ecologia i la pedagogia. Treballs que, moltes vegades, acaben devorats pel poder del salvatge que hi ha en la vida, aquesta lluita incessant entre naturalesa i artifici.

Asumo la práctica artística desde la indagación de la vegetación hostil, marginada, ignorada, que nace en nuestras ciudades, como canto a la vida o como sutil amenaza. Amenaza que invade o ha sido invadida, autóctonas o alóctonas, ausencia de nuestra propia naturaleza, nostalgia o artificialidad que cubre nuestras carencias. Vertientes generadoras del apego emocional hacia esa naturaleza perdida.

Todas estas influencias han ido germinando en mi trabajo a través de la pintura, instalación, escultura y proyectos de investigación en colaboración con otras disciplinas como la psicología ambiental, la ecología y la pedagogía. Trabajos que, en muchas ocasiones, terminan devorados por el poder de lo salvaje que hay en la vida, esa lucha incesante entre naturaleza y artificio."

DEJEMOS HUELLA EN EL ARTE

¿Cuál es la huella ecológica de los materiales que usamos en nuestro trabajo?
Ayudémonos a averiguarlo… aprendamos juntos…

Montaje y exposición: CONTRA-PETJADES. Artistes ecologistas enfront de la crisi mediambiental			
Uso	Tiempo/cantidad	Km / Kg	gr de CO_2
Correos	200+80 adj.		4.800,00
WhatsApp	82		100,00
Redes	10		2,00
Disco duro	1		12,00
Trasporte obra		820 km	132.020,00
Herramientas			308,00
Cartelería			900,00
Vinilos			3.750,00
Monitores	2+ altavoz		36.320,00
Equipo de audio			1.816,00
Luces	30		217.920,00
Aire acondicionado	908 horas		363.200,00
Catálogos	300 u. 126 pág.		120.000,00
Edición	80 horas		9.600,00
TOTAL kg			**890,75**

EQUIVALE Estos **890,75** Kg de CO_2 desprendidos en esta producción equivale a 41.195 árboles absorbiendo CO_2 en un día, o 144 coches sin circular en un día.

¿ME PUEDES AYUDAR? Esta aproximación es experimental, en esta escala faltaría poner la huella de carbono de: el andamio de un día, las puertas mecánicas, el deshumificador, cámaras de seguridad, pintura en sala.

Si sabes alguno de estos datos, te invito a que me lo indiques para poder añadirlo a esta tabla de huella ecológica y poder aprender entre todos. ¡Gracias!

https://www.instagram.com/dejemoshuellaenelarte/   dejemoshuellaenelarte@gmail.com

MIRIAM MARTÍNEZ GUIRAO

Deixem petjada en l'art, 2018–
Impressió en color sobre cartó.

Dejemos huella en el arte, 2018-
Impresión en color sobre cartón.

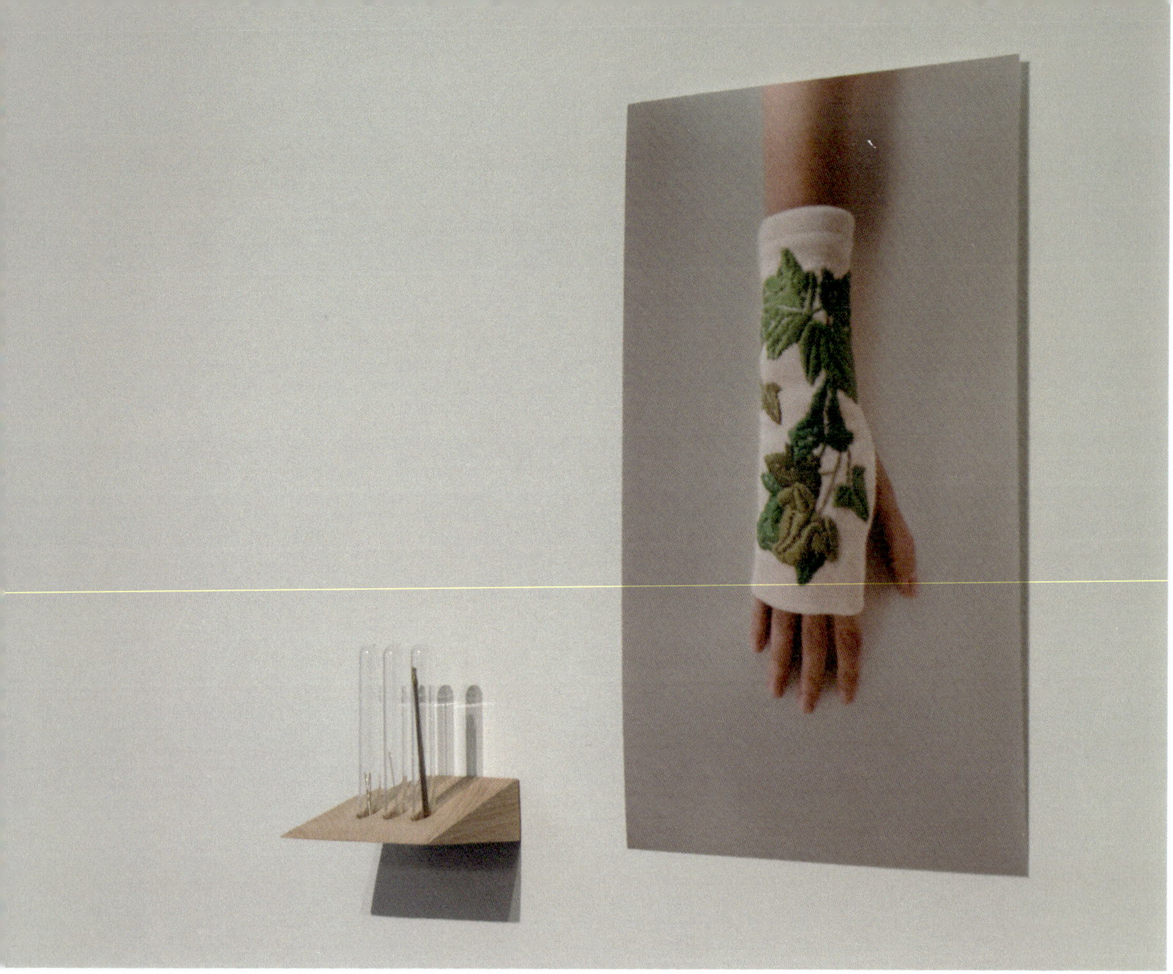

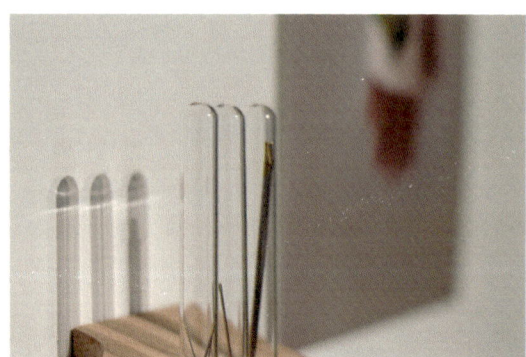

MIRIAM MARTÍNEZ GUIRAO

Con-sciència psicoterràtica, 2015
Instal·lació de diversos objectes: peça tèxtil, fotografia i pedestal de fusta amb tubs d'assaig.

Con-ciencia psicoterrática, 2015
Instalación de diversos objetos: pieza textil, fotografía y pedestal de madera con tubos de ensayo.

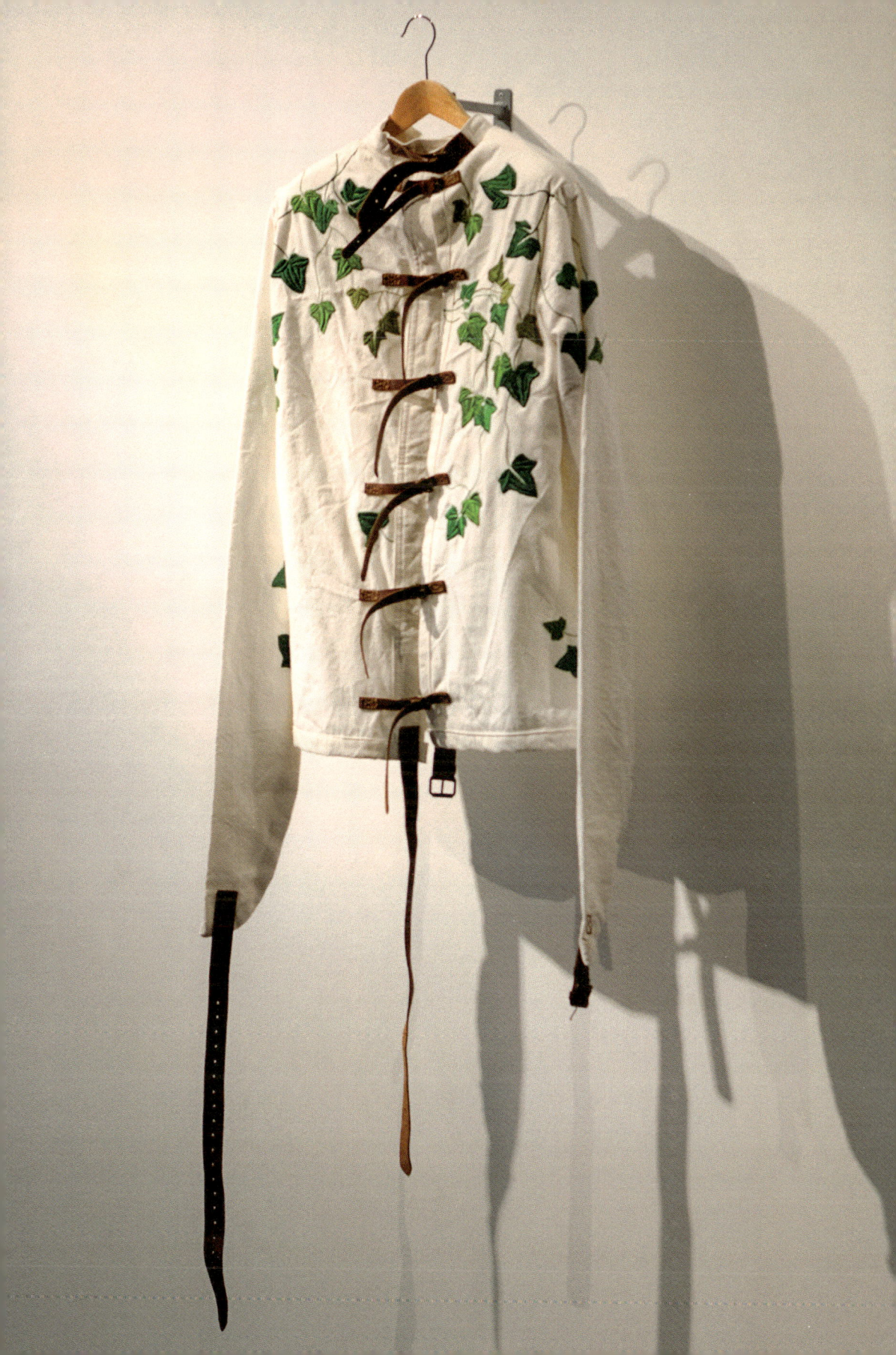

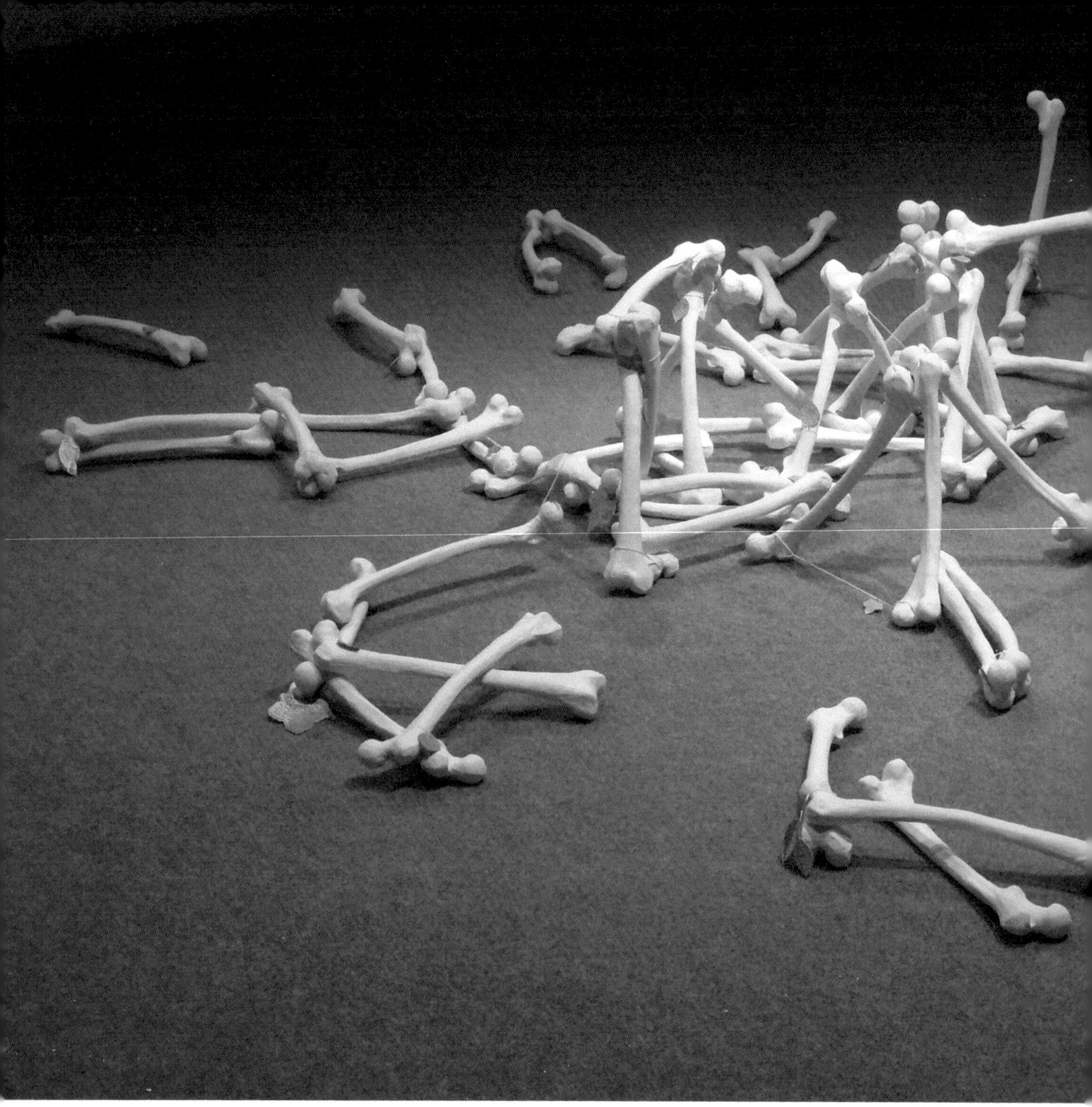

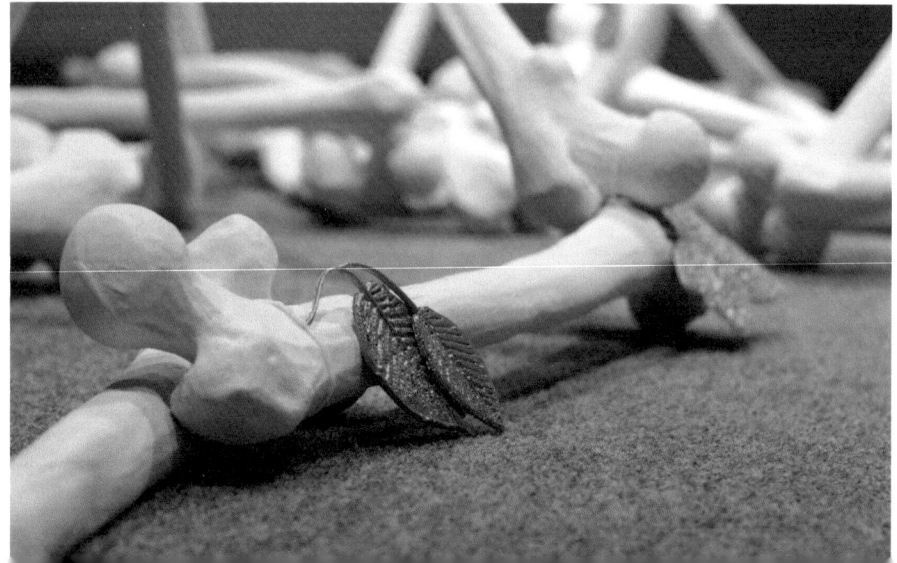

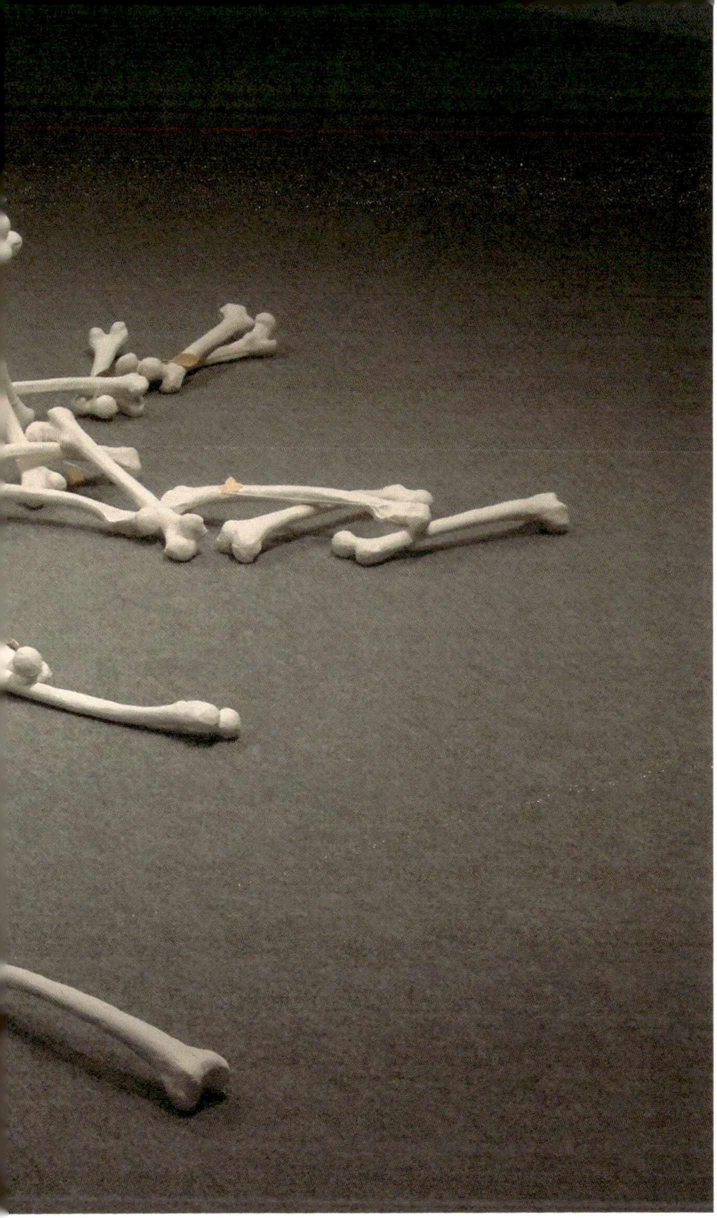

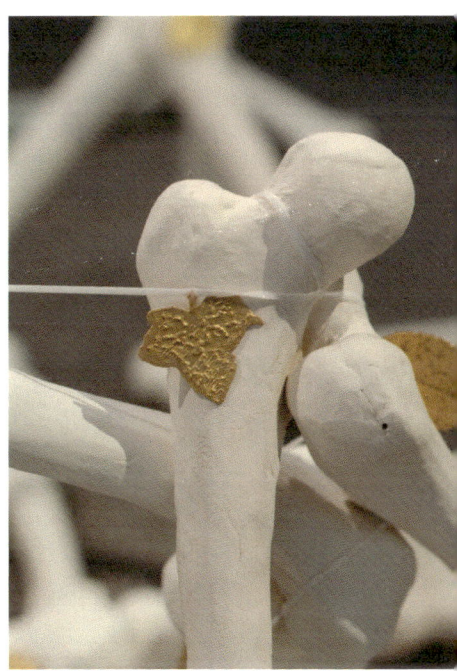

MIRIAM MARTÍNEZ GUIRAO

Vegetació òssia, 2017
Instal·lació de peces ceràmiques.

Vegetación ósea, 2017
Instalación de piezas cerámicas.

BEA MILLÓN

" Residisc a la Ciutat de Mèxic, des d'on dirigisc l'editorial independent Roza y Quema i col·labore amb diverses organitzacions que treballen per la defensa dels béns naturals.

El meu treball aborda i reformula les relacions amb el territori. A través de l'anàlisi i la col·laboració entre diversos agents accione projectes en diàleg amb realitats corporals, materials i ambientals. La meua pràctica transita des d'un compromís amb conflictes socioambientals, com poden ser l'extractivisme miner, petrolier, turístic i cultural, fins a traçar vincles amb el no humà. Solc treballar en projectes d'esforç sostinguit, que em demanen anys i que acompanye de diferents disciplines. Són processos de defensa dels béns naturals; a vegades, són accions des del performatiu o el poètic; altres vegades, acompanye pobles i paisatges en la defensa del territori.

Resido en la Ciudad de México, desde donde dirijo la editorial independiente Roza y Quema y colaboro con diversas organizaciones que trabajan por la defensa de los bienes naturales.

Mi trabajo aborda y reformula las relaciones con el territorio. A través del análisis y la colaboración entre diversos agentes acciono proyectos en diálogo con realidades corporales, materiales y ambientales. Mi práctica transita desde un compromiso con conflictos socioambientales como pueden ser el extractivismo minero, petrolero, turístico y cultural, hasta trazar vínculos con lo no humano. Suelo trabajar en proyectos de largo aliento, que me llevan años y que acompaño de diferentes disciplinas. Son procesos de defensa de los bienes naturales; en ocasiones, son acciones desde lo performativo o lo poético; otras veces, acompaño a pueblos y paisajes en la defensa del territorio. "

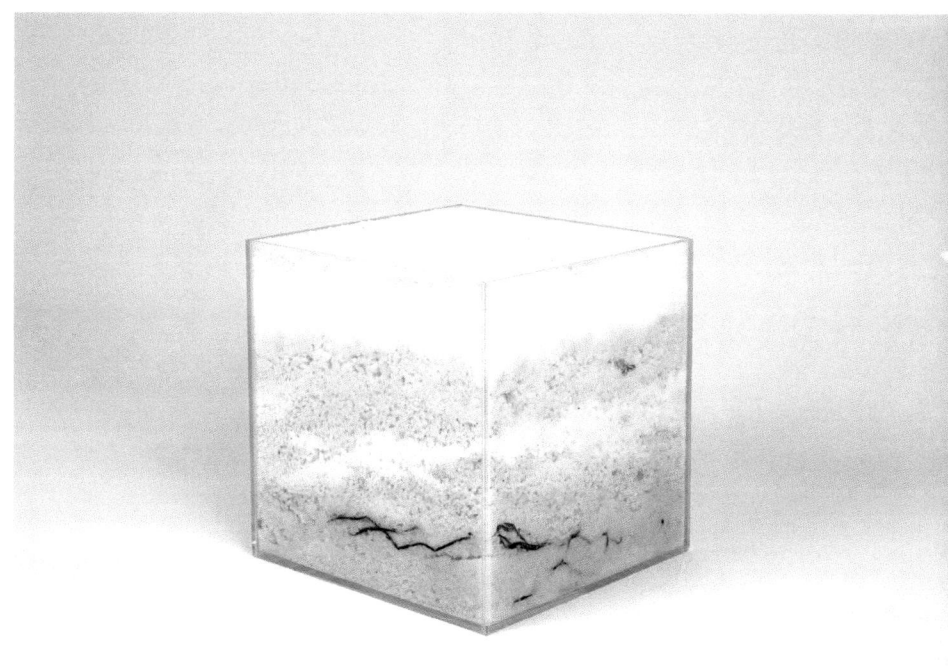

BEA MILLÓN

251 L de mar, 2024
Sal, algues, xarxa i vidre.

251 L de mar, 2024
Sal, algas, red y cristal.

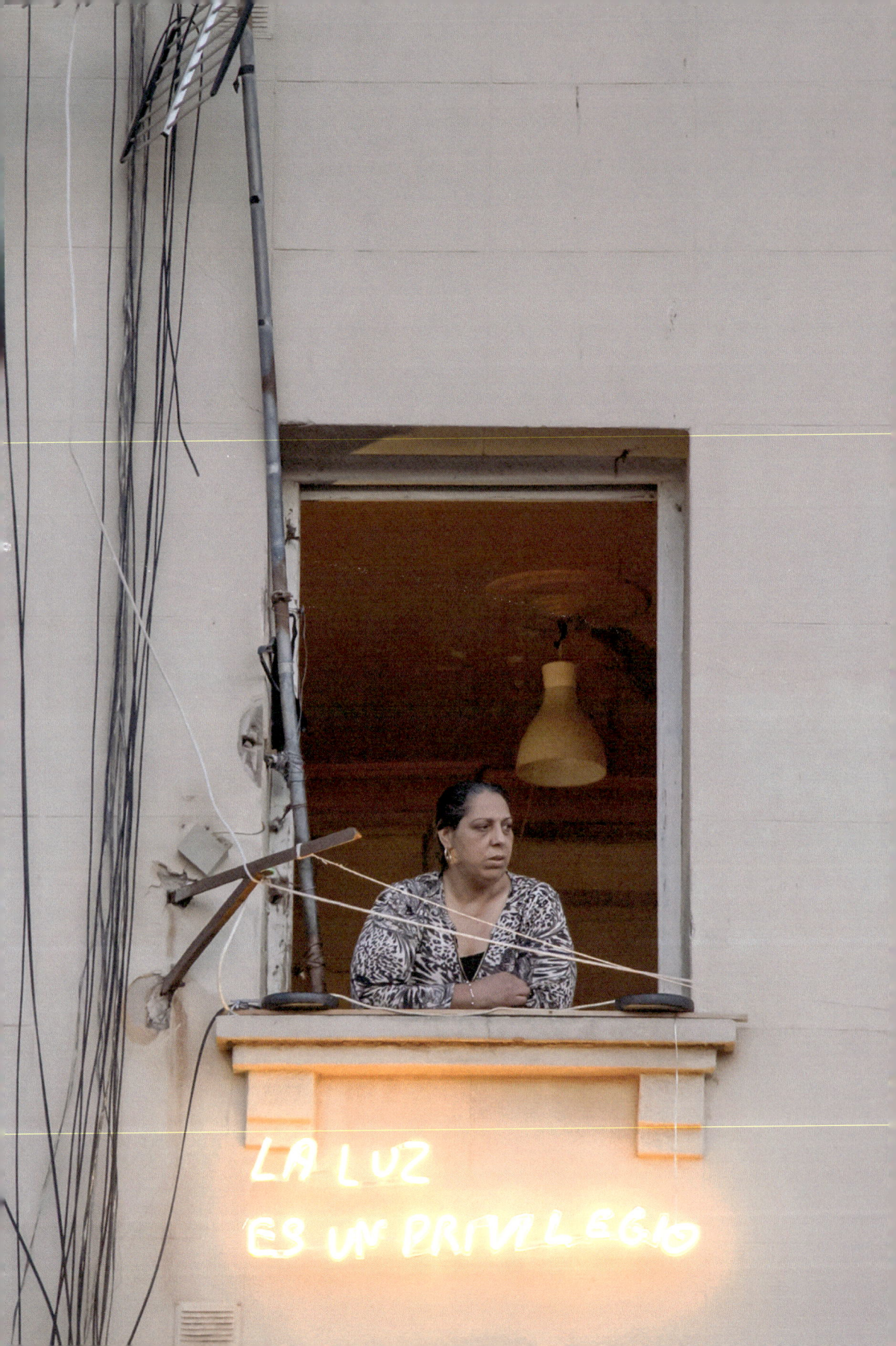

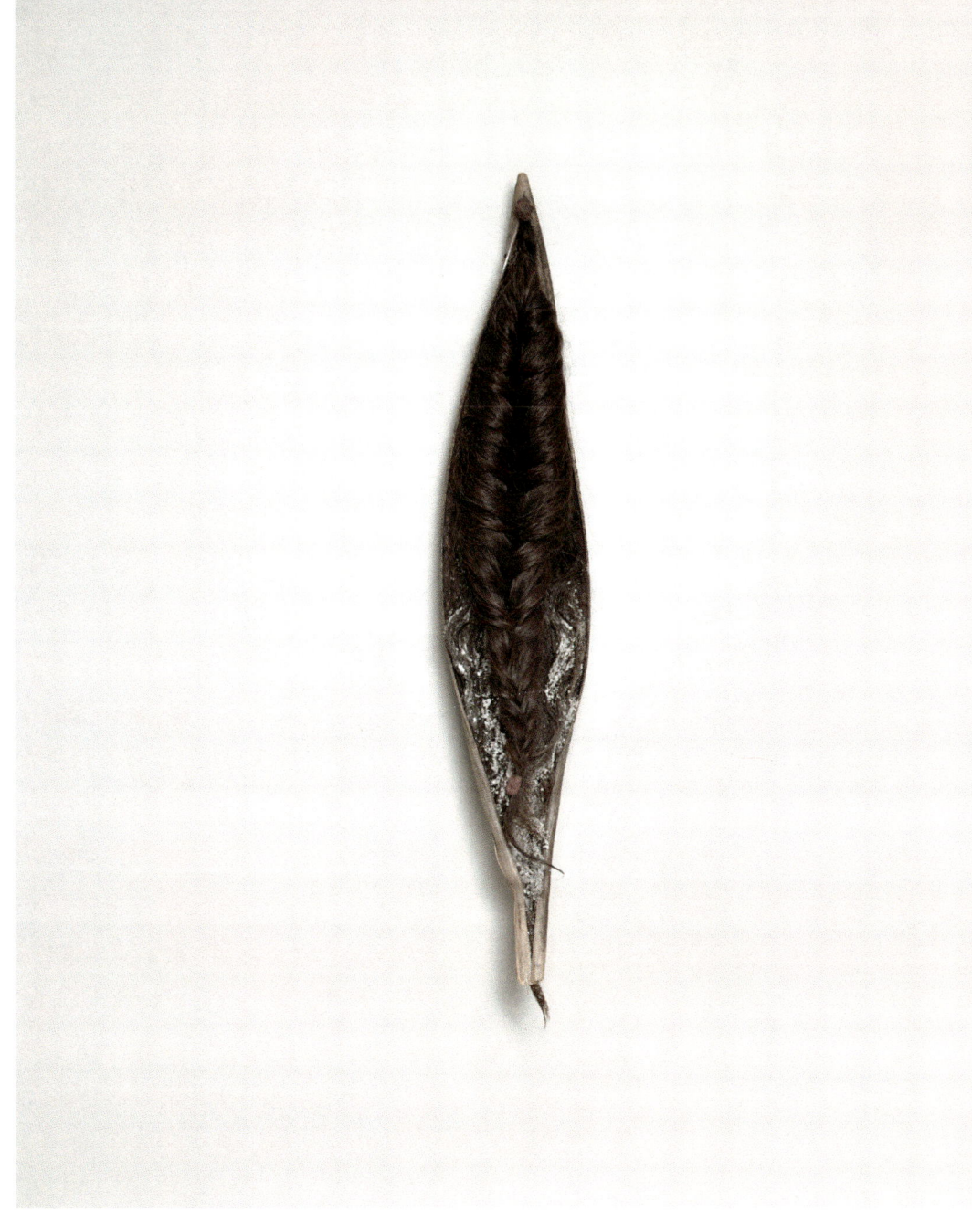

BEA MILLÓN i GLORIA GARCÍA

La llum és un privilegi, 2018
Neó i impressió fotogràfica.

La luz es un privilegio, 2018
Neón e impresión fotográfica.

BEA MILLÓN

Autoretrat, 2024
Alt relleu de diversos materials sobre cartó.

Autorretrato, 2024
Altorrelieve de diversos materiales sobre cartón.

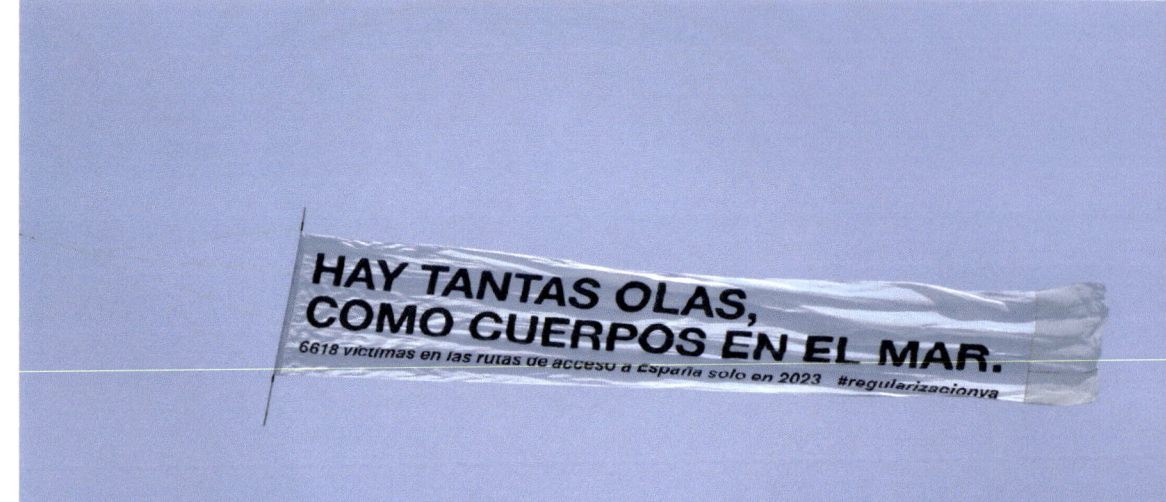

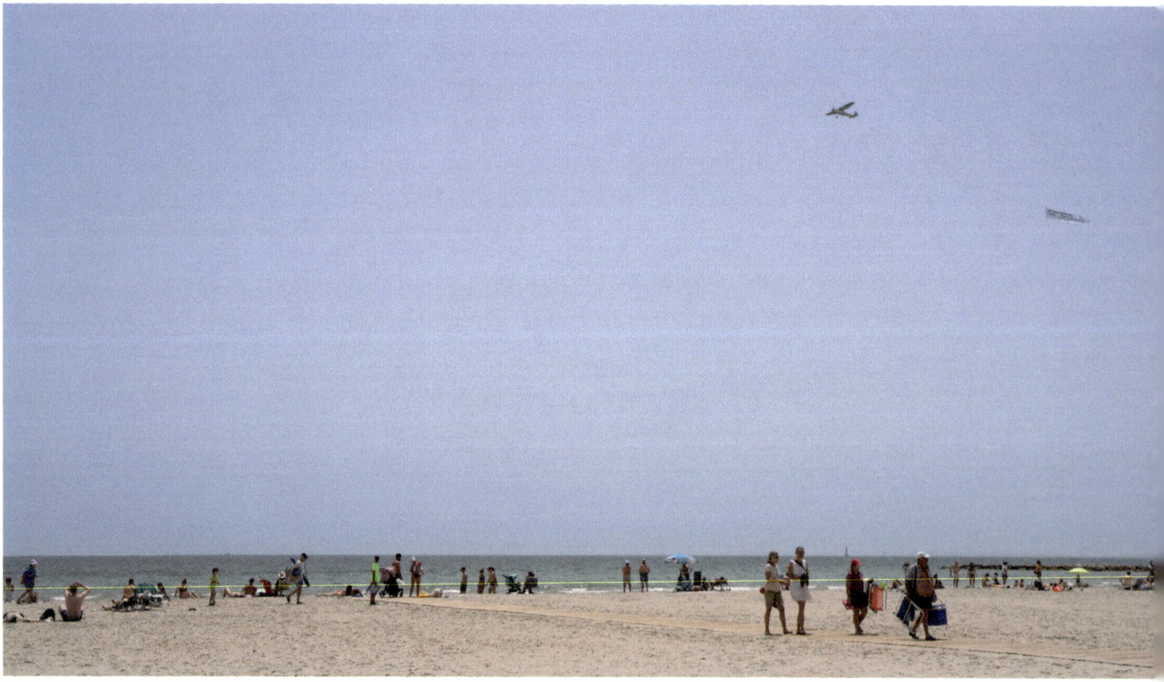

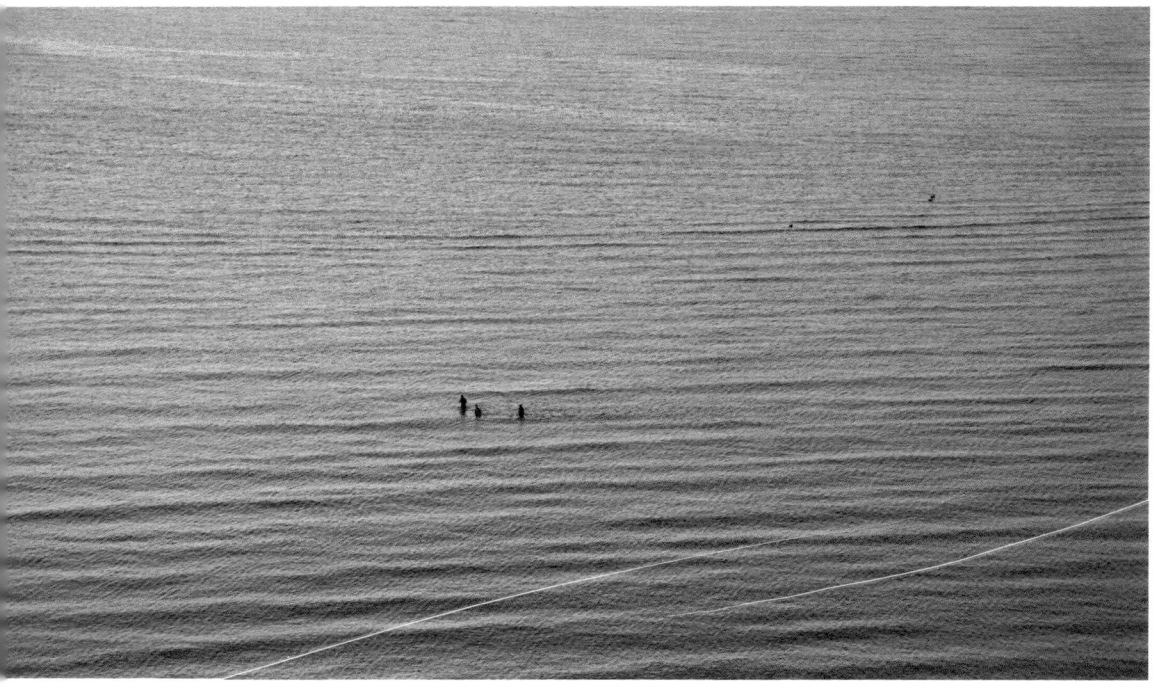

#*regularizaciónya* & BEA MILLÓN

Hi ha tantes ones com cossos a la mar, 2024
Impressió fotogràfica.
Obra coproduïda pel Consorci de Museus de la Comunitat Valenciana a través del programa de residències Cultura Resident en la modalitat de producció artística en col·laboració amb el Museu de la Mar, Santa Pola.

Hay tantas olas como cuerpos en el mar, 2024
Impresión fotográfica.
Obra coproducida por el Consorci de Museus de la Comunitat Valenciana, a través del programa de residencias Cultura Resident en la modalidad de producción artística en colaboración con el Museo del Mar, Santa Pola.

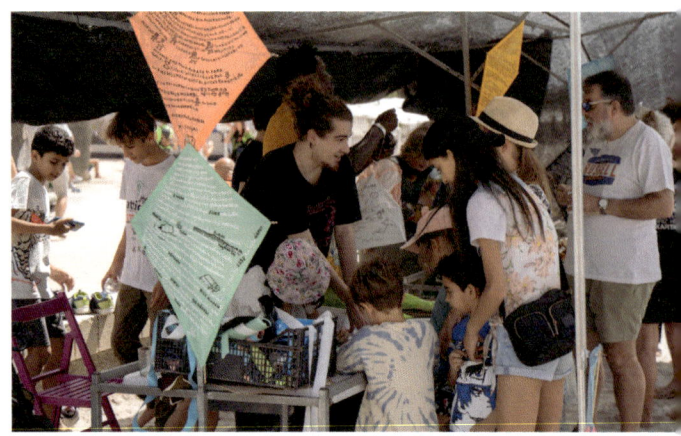

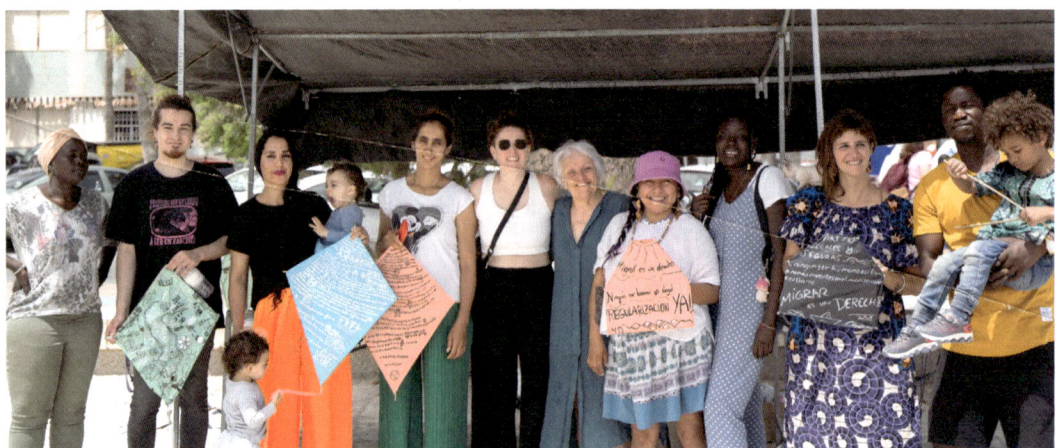

MBAYE DIOUF, ABDOULAYE NDONG, DOUNIA HAOUACH,
BEA MILLÓN, BIRIVIAN NASER & NAJIA OUKHALOUQ

Jo, milotxa, 2024
Instal·lació de milotxes.
Obra coproduïda pel Consorci de Museus de la Comunitat Valenciana a través del programa de residències Cultura Resident en la modalitat de producció artística en col·laboració amb el Museu de la Mar, Santa Pola.

Yo, cometa, 2024
Instalación de cometas.
Obra coproducida por el Consorci de Museus de la Comunitat Valenciana, a través del programa de residencias Cultura Resident en la modalidad de producción artística en colaboración con el Museo del Mar, Santa Pola.

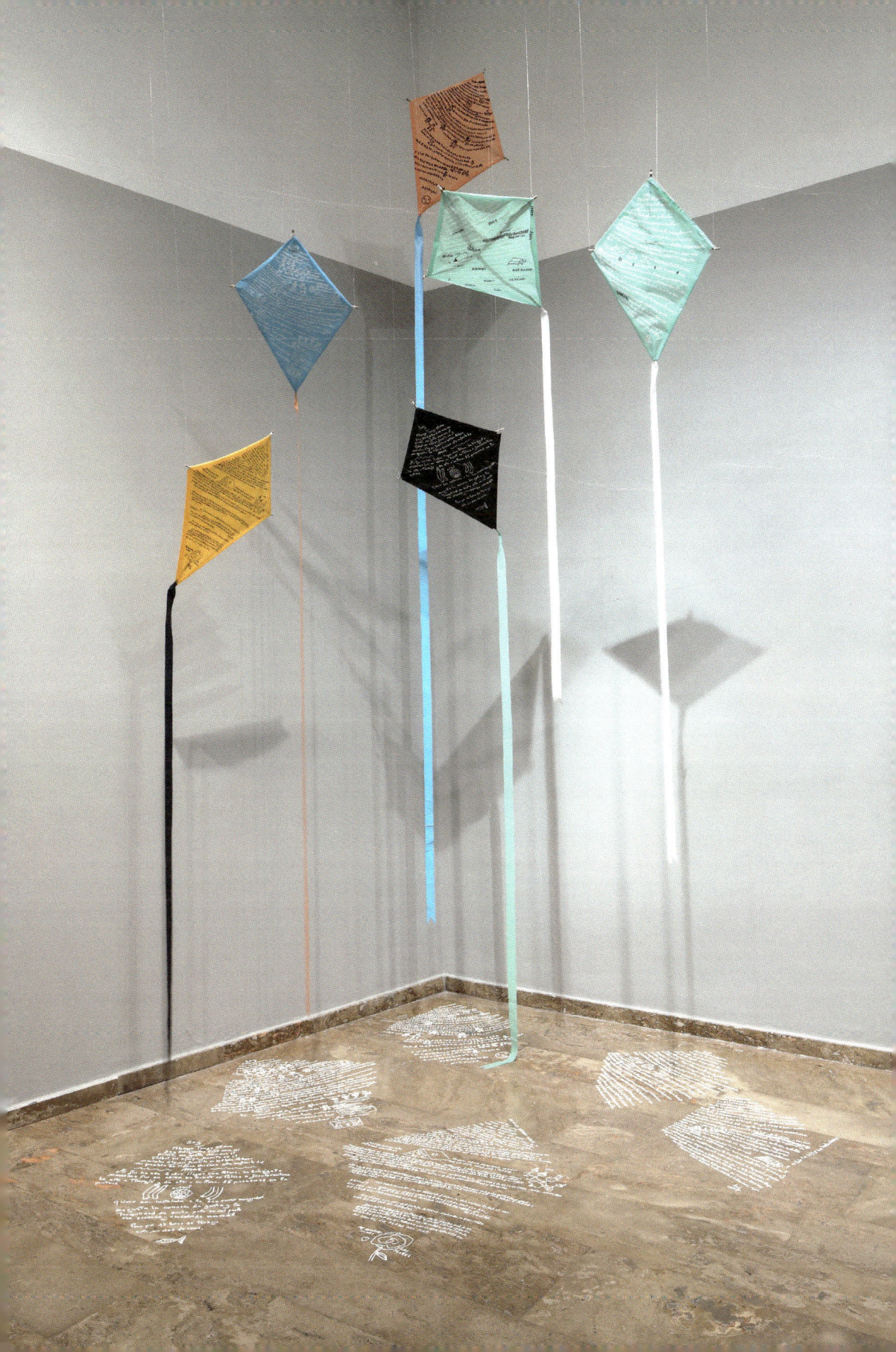

MARCO RANIERI

"Soc artista, artivista i investigador independent. Com a artista, focalitze el meu treball escultòric, performatiu i relacional en la transformació de l'experiència del territori en art. En el diàleg i l'esdevenir recíproc amb els llocs que habitem, els seus materials, agents, habitants, energies climàtiques, tel·lúriques i creadores. En els meus projectes reinterprete i incloc les dinàmiques ecosistèmiques, les relacions interespècie, els processos de transformació del territori i les energies vitals còmplices dels creixements vegetals. Treballe teixint aliances amb espècies companyes i agents col·laboradors, com ara insectes, ocells, plantes, ferments, líquenes i comunitats bacterianes.

Com a artivista, la meua tasca consisteix a crear contextos i espais efímers de diàleg i socialització per a possibilitar relacions i vinculacions empàtiques a través de situacions col·laboratives i participatives, recuperant i recontextualitzant, dins del procés de transició ecosocial, coneixements i habilitats tradicionals i subalternes; prestant especial atenció als sabers situats vinculats a la biodiversitat vegetal local dels territoris.

Soy artista, artivista e investigador independiente. Como artista focalizo mi trabajo escultórico, performático y relacional en la transformación de la experiencia del territorio en arte. En el diálogo y el devenir recíproco con los lugares que habitamos, sus materiales, agentes, habitantes, energías climáticas, telúricas y creadoras. En mis proyectos reinterpreto e incluyo las dinámicas ecosistémicas, las relaciones interespecie, los procesos de transformación del territorio y las energías vitales cómplices de los crecimientos vegetales. Trabajo estrechando alianzas con especies compañeras y agentes colaboradores como insectos, pájaros, plantas, fermentos, líquenes y comunidades bacterianas.

Como artivista, mi labor consiste en crear contextos y espacios efímeros de diálogo y socialización, para posibilitar relaciones y vinculaciones empáticas a través de situaciones colaborativas y participativas, recuperando y recontextualizando, dentro del proceso de transición ecosocial, conocimientos y habilidades tradicionales y subalternas; prestando especial atención a los saberes situados vinculados a la biodiversidad vegetal local de los territorios."

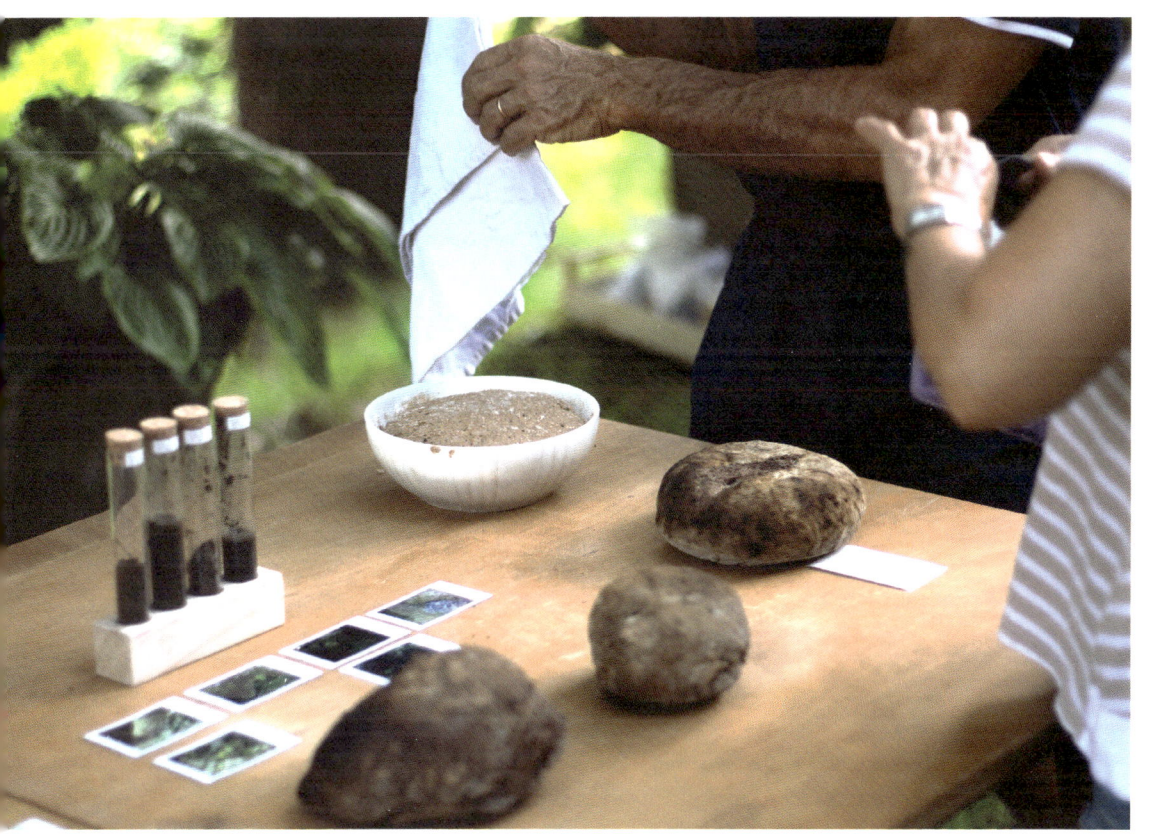

MARCO RANIERI

Fermentació edàfica, 2022
Instal·lació de diversos objectes: pans pastats amb terra com a llevat, mostres de terra en tubs d'assaig i fotografies instantànies (impressió digital).

Edaphic fermenation, 2022
Instalación de diversos objetos: panes realizados con tierra como levadura, muestras de tierra en tubos de ensayo y fotografías instantáneas (impresión digital).

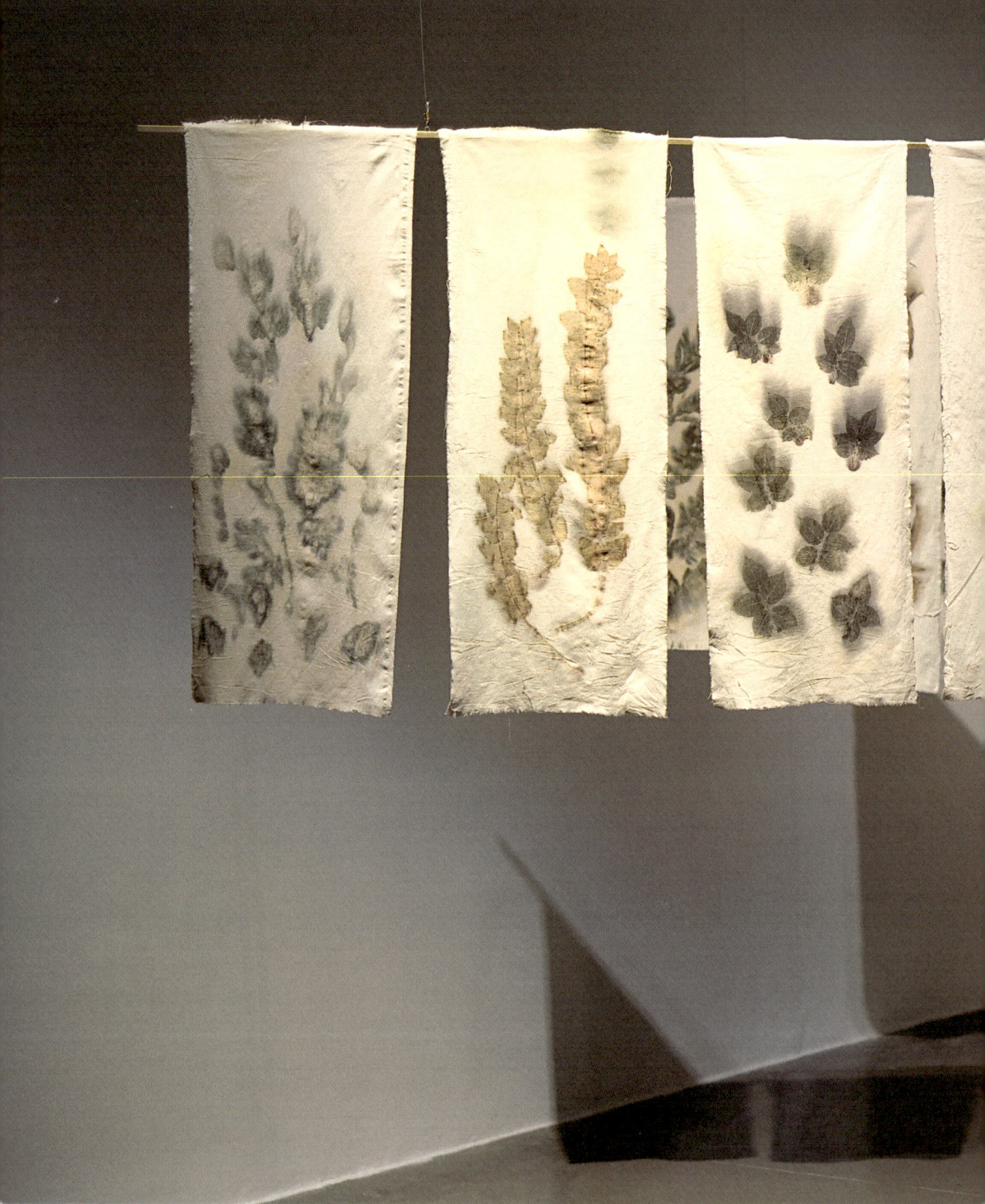

MARCO RANIERI
La foresta nascosta, 2021
Estampació botànica sobre cotó orgànic.

La foresta nascosta, 2021
Estampación botánica sobre algodón orgánico.

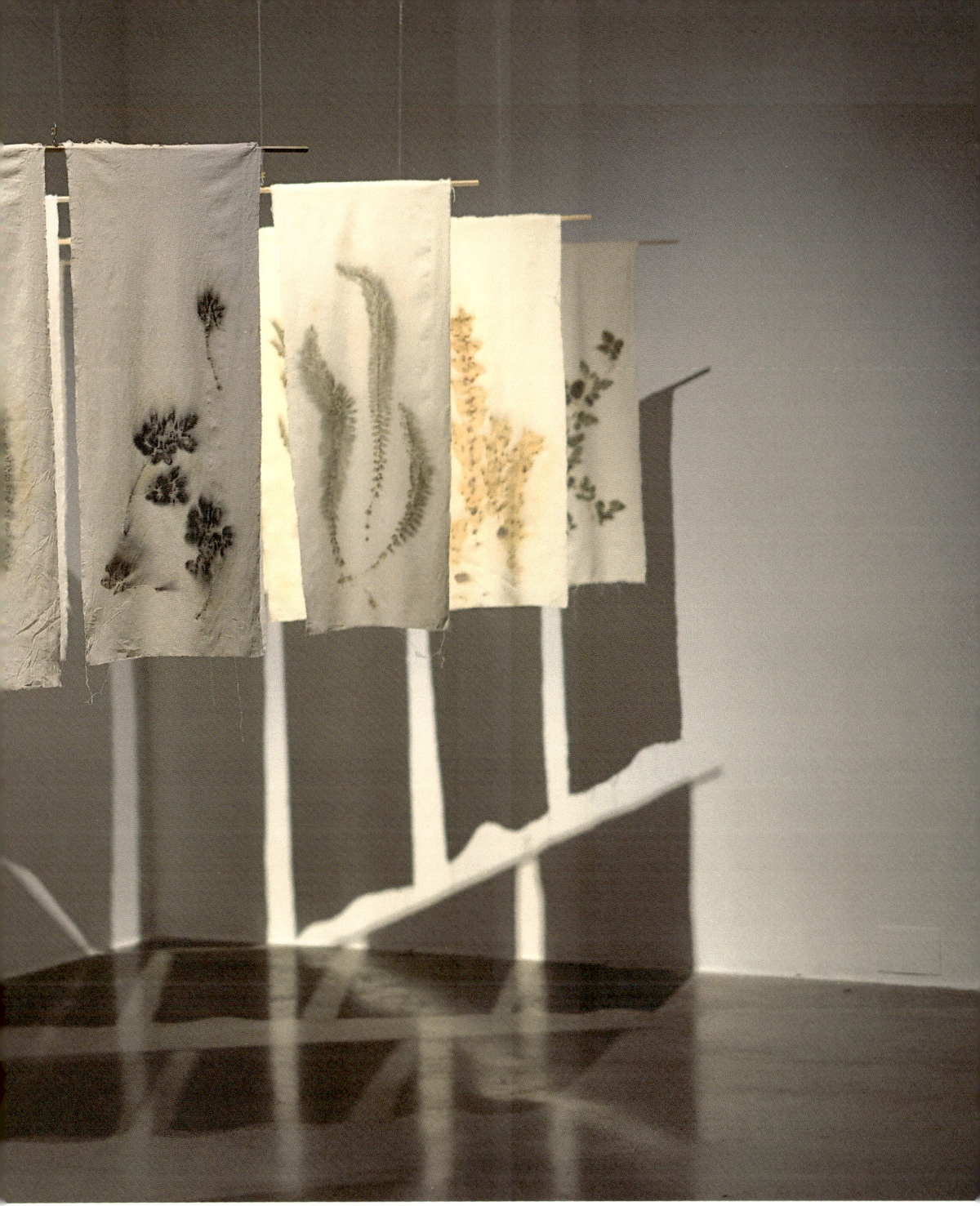

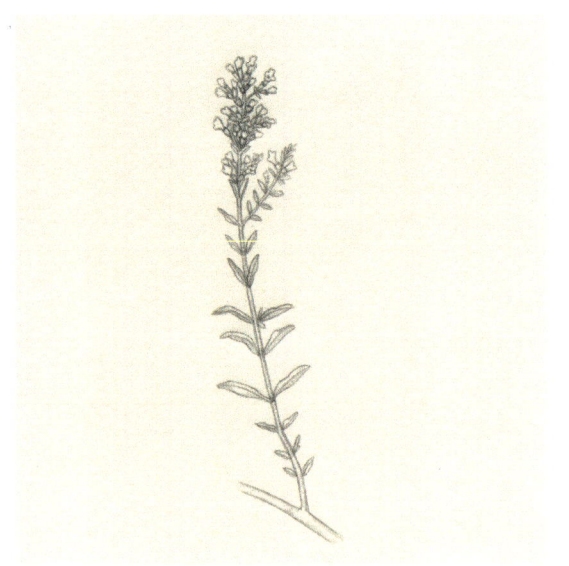

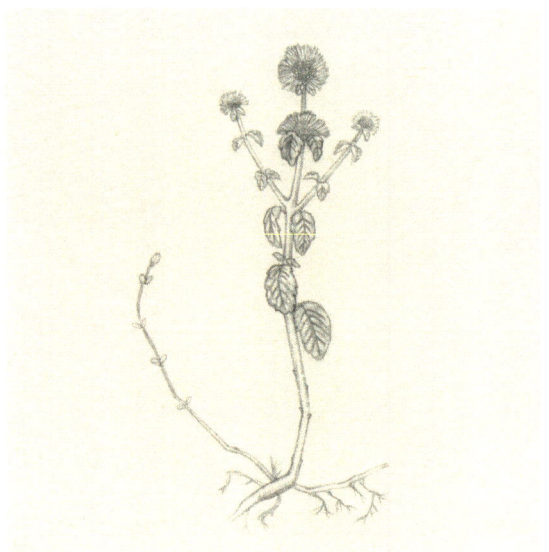

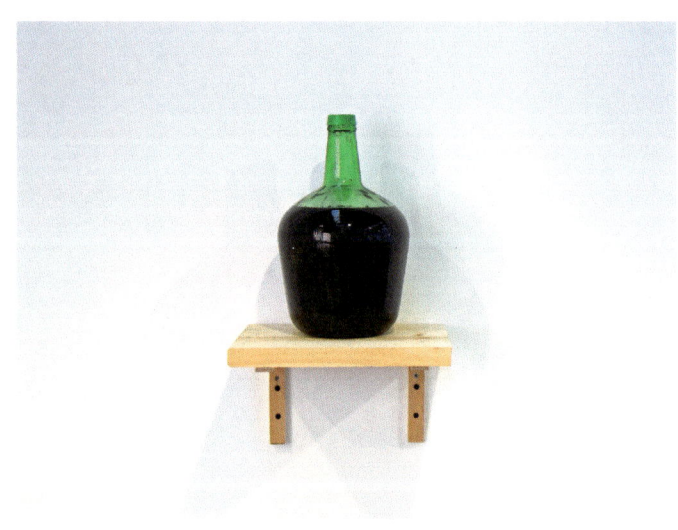

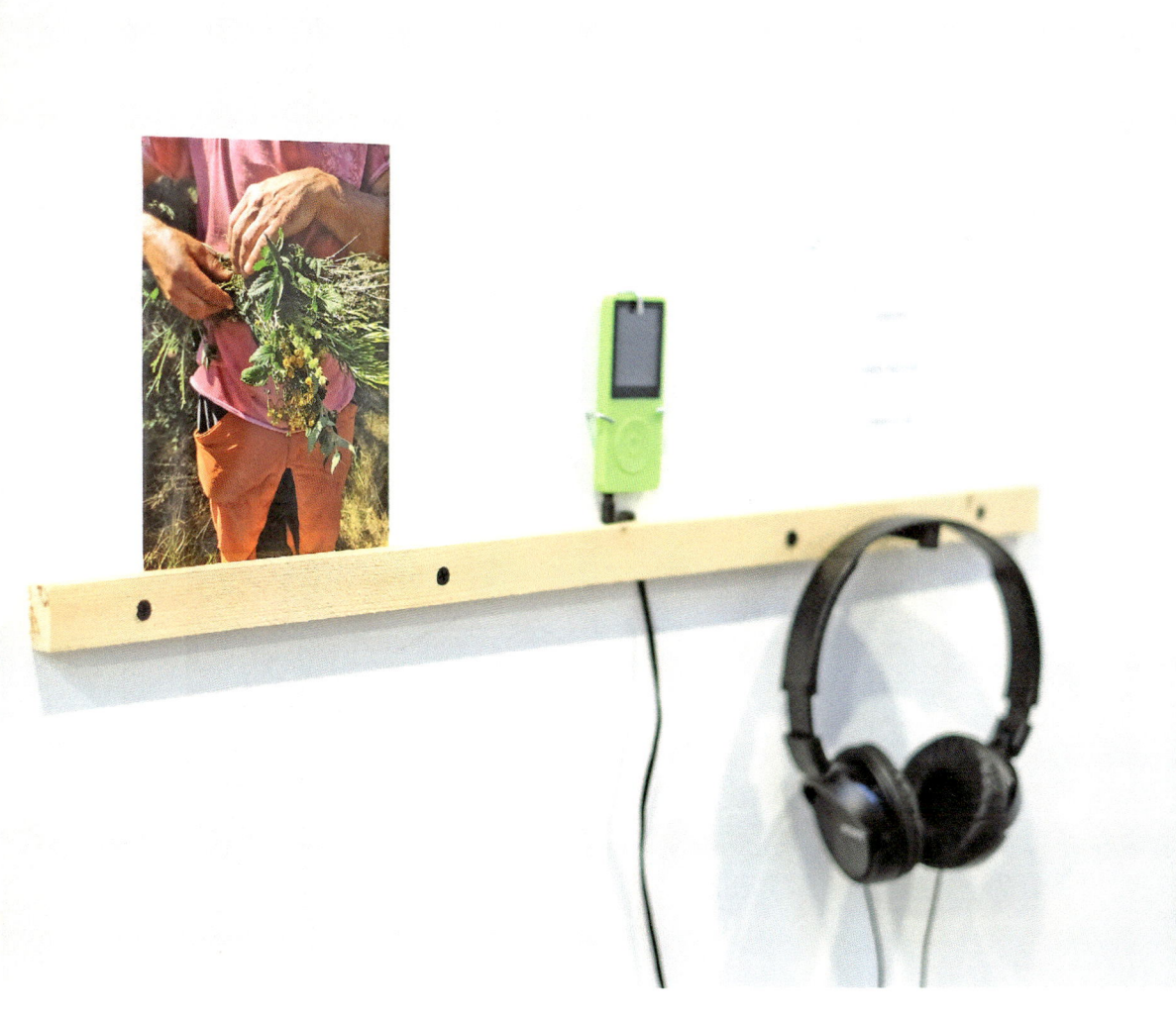

MARCO RANIERI
Herbes per fer ratafia, 2021
Instal·lació de diversos objectes: dibuix a grafit sobre paper artesà, ratafia embotellada, fotografies en impressió digital i audioentrevista.

MARCO RANIERI
Herbes per fer ratafia, 2021
Instalación de diversos objetos: dibujo a grafito sobre papel artesano, ratafía embotellada, fotografías en impresión digital y audioentrevista.

CHIARA SGARAMELLA

" La meua pràctica personal se situa en la confluència entre processos col·laboratius i art vinculat a temes ecosocials. Combinant investigació teòrica, creació artística col·laborativa i pedagogies crítiques, explore les relacions entre societats humanes i ecosistemes naturals.

Els meus projectes sorgeixen a partir del diàleg amb contextos socioecològics específics i giren entorn de metàfores de complexitat i interdependència. Considerant l'art com un terreny fèrtil per a la hibridació de diferents llenguatges i sistemes de coneixement, intente plantejar preguntes sobre algunes qüestions relacionades amb l'agricultura, els usos de sòl i la sobirania alimentària.

Mi práctica personal se sitúa en la confluencia entre procesos colaborativos y arte vinculado a temas ecosociales. Combinando investigación teórica, creación artística colaborativa y pedagogías críticas, exploro las relaciones entre sociedades humanas y ecosistemas naturales.

Mis proyectos surgen a partir del diálogo con contextos socioecológicos específicos y giran en torno a metáforas de complejidad e interdependencia. Considerando el arte como un terreno fértil para la hibridación de diferentes lenguajes y sistemas de conocimiento, intento plantear preguntas sobre algunas cuestiones relacionadas con la agricultura, los usos de suelo y la soberanía alimentaria. "

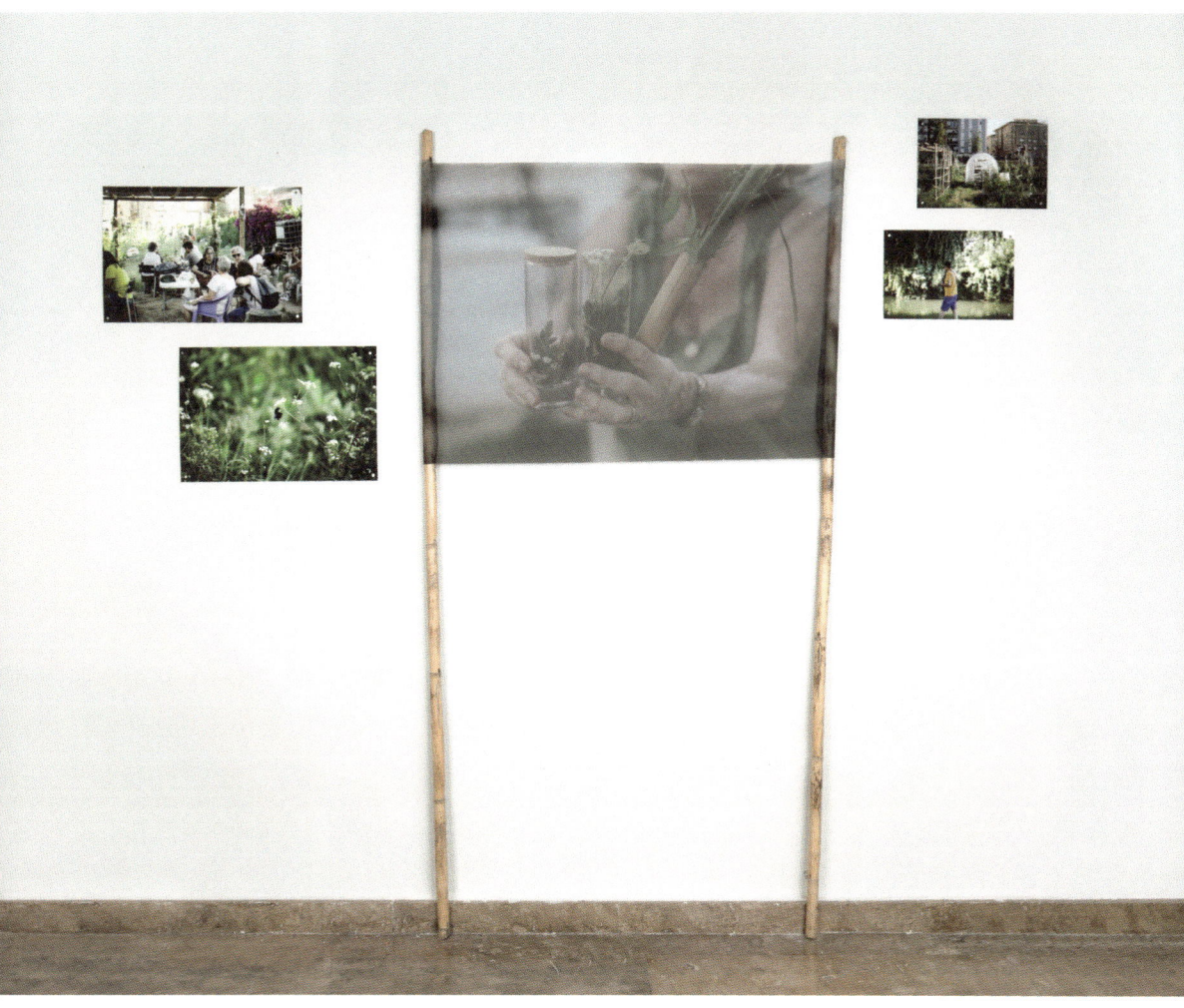

CHIARA SGARAMELLA & ESTELA LÓPEZ (Col·lectiu Viridian)

Agroversitat, 2023
Impressió fotogràfica sobre gasa i paper.
Fotografies: Caixa Fosca.

Agroversitat, 2023
Impresión fotográfica sobre gasa y papel.
Fotografías: Caixa Fosca.

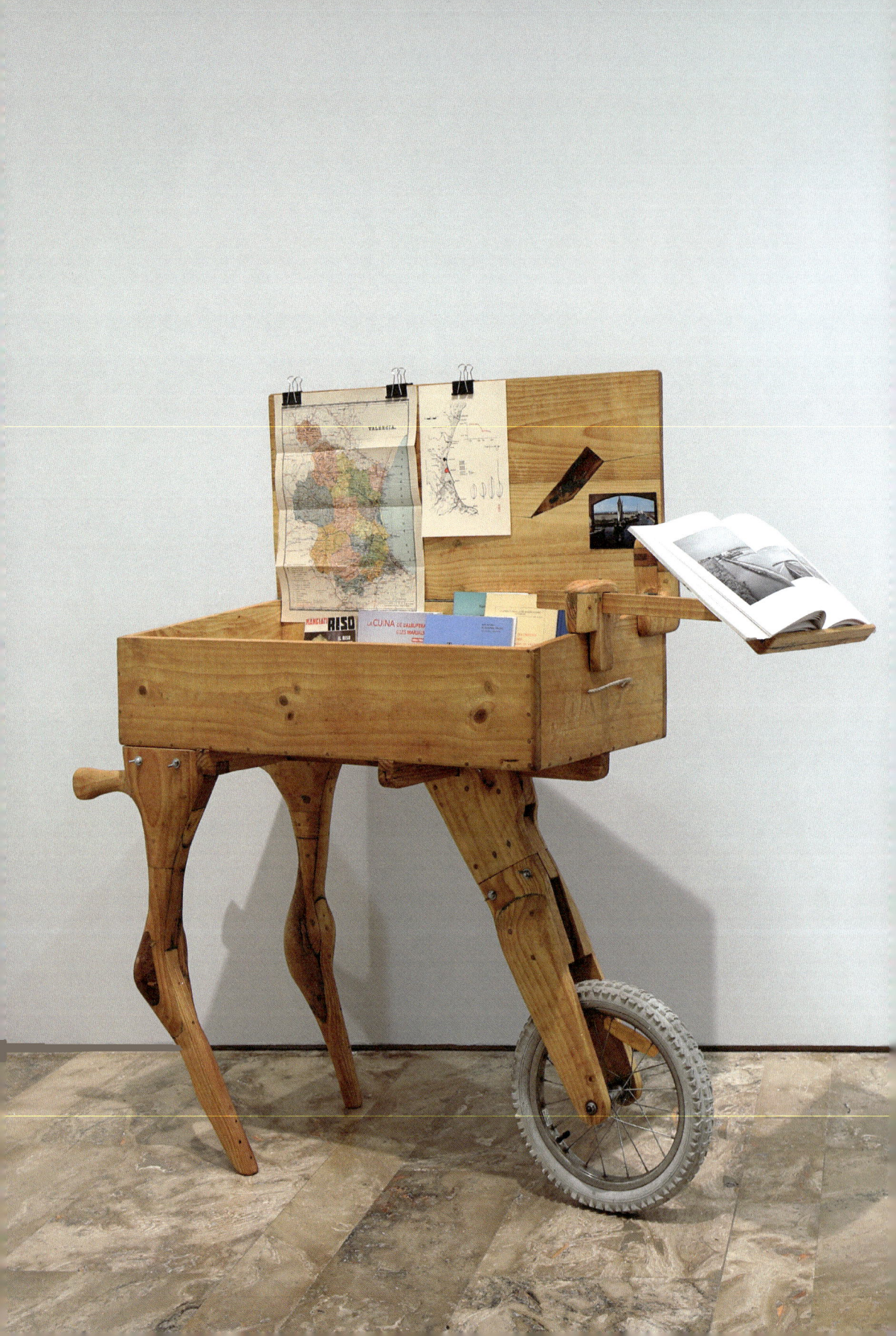

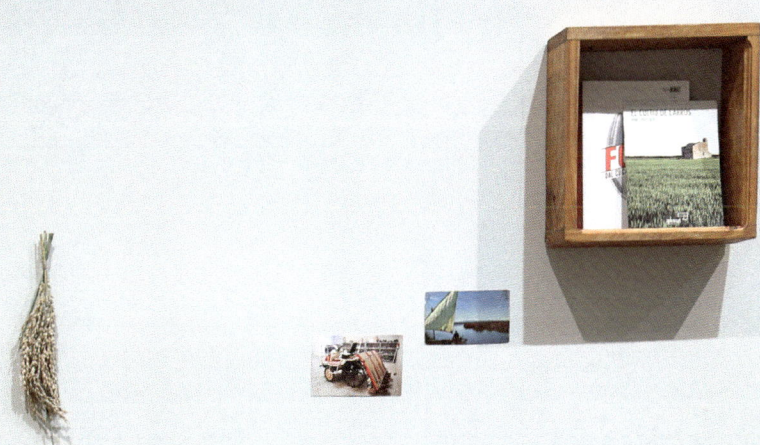

CHIARA SGARAMELLA

Oryza Collection, 2017-
Instal·lació de fusta recuperada, llibres, dibuixos, mapes i elements naturals.

Oryza Collection, 2017-
Instalación de madera recuperada, libros, dibujos, mapas y elementos naturales.

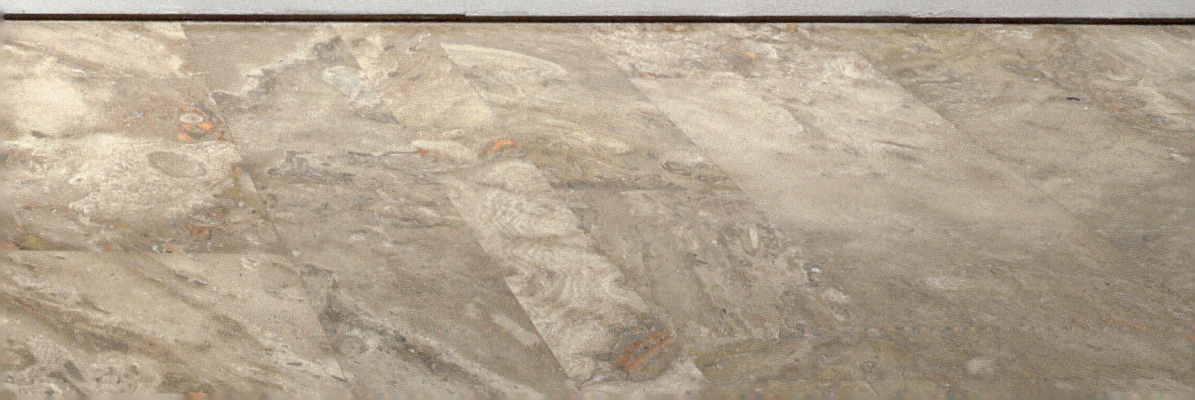

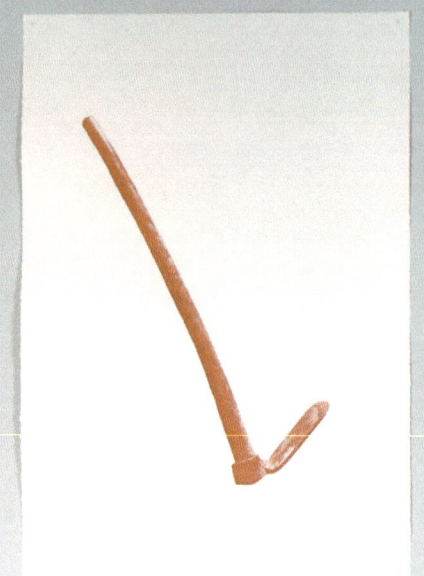

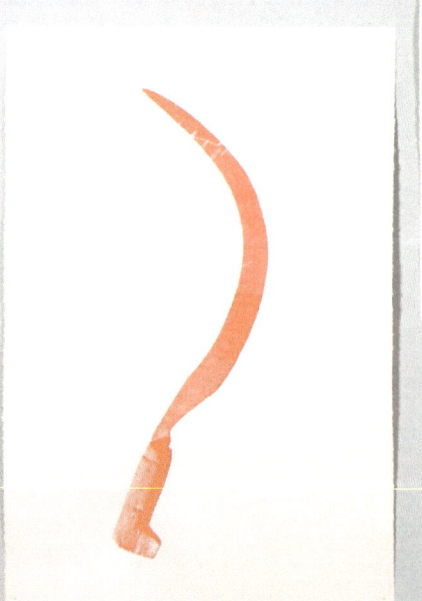

MULTIPLICAR
ELS GESTOS
DE CURA

CHIARA SGARAMELLA

Assemblees multiespècies, 2024
Serigrafia i pigments naturals sobre paper.

CHIARA SGARAMELLA
Asambleas multiespecies, 2024
Serigrafía y pigmentos naturales sobre papel.

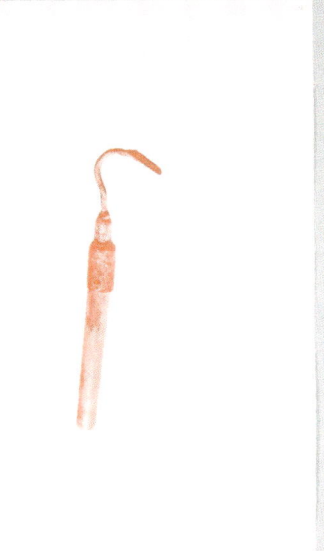

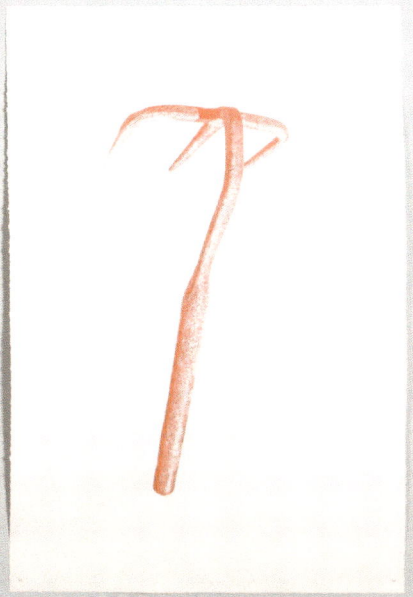

ORGANITZA I PRODUEIX

Universitat de València. Vicerectorat de Cultura i Societat
Fundació General de la Universitat de València. Col·lecció Martínez Guerricabeitia

RECTORA I PRESIDENTA DE LA FUNDACIÓ GENERAL DE LA UNIVERSITAT DE VALÈNCIA
Mª Vicenta Mestre Escrivà

VICERECTORA DE CULTURA I SOCIETAT I VICEPRESIDENTA DE LA FUNDACIÓ GENERAL DE LA UNIVERSITAT DE VALÈNCIA
Ester Alba Pagán

DIRECTORA DEL SERVEI DE CULTURA UNIVERSITÀRIA
Adela Cortijo Talavera

DIRECTOR D'ACTIVITATS DE LA COL·LECCIÓ MARTÍNEZ GUERRICABEITIA
José Martín Martínez

EXPOSICIÓ I CATÀLEG

COMISSÀRIA
María Eugenia Rojo Mas

COORDINACIÓ
Lydia Frasquet Bellver

DISSENY EXPOSITIU I GRÀFIC
Espirelius

TRANSPORT I MUNTATGE
Art i Clar

TRADUCCIÓ
Servei de Política Lingüística de la Universitat
de València

RESPONSABLE DE PRODUCCIÓ CULTURAL
Josep Vicó Crespo

COORDINADORA DE SERVEIS
Emilia Arenas de Torres

IL·LUMINACIÓ
Francisco Burguera Pérez
Álvaro David García
Pedro Herráiz Merino

ASSISTÈNCIA EN SALA
Sedena, SL

VISITES GUIADES
Ximo Revert Roldán
Voluntaris de la Universitat de València

DIFUSIÓ I COMUNICACIÓ
Nuria García Cebrià
Mª Angélica Morales López
Magdalena Ruiz Brox

FOTOGRAFIES
Eduardo Alapont

IMPRESSIÓ
La Imprenta CG

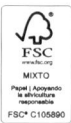

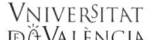 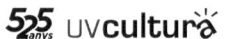 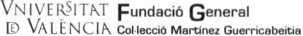 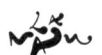 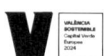